辽宁省社会科学规划基金重点项目（项目编号：L14AJL008）资助

Research on Formation and Evolution of Industrial Clusters in the Northeast China

东北地区产业集群形成与演化研究

邵文武　著

东北大学出版社
·沈　阳·

图书在版编目（CIP）数据

东北地区产业集群形成与演化研究 / 邵文武著. —
沈阳：东北大学出版社，2016. 12
ISBN 978-7-5517-1506-5

Ⅰ. ①东… Ⅱ. ①邵… Ⅲ. ①产业集群—产业发展—
研究—东北地区 Ⅳ. ①F269. 273

中国版本图书馆 CIP 数据核字（2016）第 313673 号

出 版 者：东北大学出版社
地址：沈阳市和平区文化路三号巷 11 号
邮编：110819
电话：024－83687331（市场部） 83680267（社务部）
传真：024－83680180（市场部） 83687332（社务部）
网址：http://www.neupress.com
E-mail: neuph@neupress.com
印 刷 者：沈阳航空发动机研究所印刷厂
发 行 者：东北大学出版社
幅面尺寸：170mm × 240mm
印 张：11
字 数：202 千字
出版时间：2016 年 12 月第 1 版
印刷时间：2016 年 12 月第 1 次印刷
责任编辑：向 阳 刘 莹 责任校对：辛 思
封面设计：刘江旸 责任出版：唐敏志

ISBN 978-7-5517-1506-5 定 价：48.00 元

前 言

东北地区是在新中国成立以后工业体系建设期间形成的工业基地，计划经济时期国家对东北地区进行了大量的投资，形成了以大型国企为主的大量的存量资本，一度是我国经济发展最快、城市化程度最高的地区之一。随着我国改革开放与市场经济的不断实施，东北地区逐渐失去经济优势，出现了增长低迷、资源外流的趋势，被称为“东北现象”。随着经济发展，东北地区问题越来越受到国内外学者的关注；同时，随着东北振兴政策的不断实施，东北经济从2003年以来进入了快速增长阶段。2013年以后，随着我国经济增长方式转变、供给侧改革的深入，东北地区经济增长再次沦入低迷阶段，这表明东北地区制约经济增长的根本性问题并没有解决，东北振兴问题再次被提到国家战略层面。在新的形势下，对东北进一步振兴战略的实施，东北地区将被打造成为先进装备制造业基地、新型能源基地、农产品加工基地、创新基地，东北正向着新型工业化道路迈进。产业集群是一种优越的产业组织形式，国内外经济发展的事实证明，经济区域中产业集群的发展能够集聚要素、充分利用基础条件降低成本、提高资源利用率、促进创新，进而提升地区的产业竞争能力，带动区域经济良性发展。因此，对东北地区产业集群的形成与发展规律进行探索，找出适宜东北地区产业集群良性发展的路径具有重要的现实意义。

本书第1章分析了研究背景，提出了目前东北产业集群形成与演化中存在的问题，并指出了在目前经济背景下，研究东北地区产业集群形成与演化的意义，以及在研究中要达到的目的。紧接着就前人对东北产业集群问题的研究成果进行了梳理。根据前人的研究成果和目前经济背景下存在的问题，提出了研究的内容和相应的研究方法。

第2章按照经济学流派，对产业集群的经典理论进行综述，其中包括古典经济学、新古典经济学、新贸易经济学、新增长经济学中的产业集群理论和产业经济学中的产业集群理论，以及我国学者在产业集群研究中取得的代表性成果。其目的在于为研究中理论的选择提供理论支持。

第3章在前人研究成果的基础上，就产业集群的形成与演化机理展开了理论探讨。首先，在研究中，认为产业集群产生与演化的微观基础为要素集聚，根据要素的流动性，将要素分为非流动性要素和流动性要素两大类，并指出流动要素的不断流动是产业集群形成与演化的关键，接着对流动要素流动的动力进行了分析，旨在找出是哪些因素引起了要素的流动，进而引起了产业集群的形成与发展。其次，站在产业集群形成与演化中集群结构的角度展开了研究，将产业集群的形成与发展分为基本要素条件阶段、核心要素条件阶段和高端要素条件阶段，在不同的阶段，产业集群的结构不同，不同的结构在产业集群形成与发展中起到的作用也各有侧重。当然，在产业集群不同的发展时期、在各个不同的结构中，各种要素所起的作用是不同的，分析了特定阶段的适宜结构，以及是什么要素在产业集群的形成与发展中起到关键性的作用。最后，在前面理论研究的基础上，指出了我国在产业集群形成与发展中应得到的启示和借鉴。

第4章从东北地区产业的历史演进入手，分析了目前东北地区产业现状和经济结构形成的历史原因，接着分析了东北地区目前产业集群的发展现状。

第5章以产业集群的形成与演化中结构因素理论研究为基础，从环境结构、基本条件要素、核心条件要素和高端条件要素等方面，对东北地区产业集群的演化特征进行了分析。其中，在东北地区产业集群演化的基本条件要素特征中，重点研究了自然资源和基础设施、信息服务、资本资源和人力资本流动趋势。通过研究得出结论：东北亚地区的紧张局势降低了该地区的贸易条件。东北地区区位条件优越，城镇化程度高，交通运输基础设施比较完善，实施东北振兴政策以来，国家给予了促进东北经济快速发展的有利政策，在产业集群形成方面，具有优越的区域环境。东北地区的产业结构特点是以重工业为主，这些产业适合于轮轴式产业集群的形成，目前已经形成了一些轮轴式的产业集群，但从总体上看，数量不多，多数尚处于几个大企业聚在一起集而不群。东北地区的自然资源优势已经渐渐失去，但较为完善的交通条件和优越的区位条件能够在某种程度上弥补资源优势的不足。东北地区对信息服务在产业集群发展中所起作用的重要性认识不足，中介机构不健全，这样就不利于产业集群的形成和发展。东北地区吸引资本的力度不足，本地区也没有形成独特的资本融通模式，资本的总量和资本的结构均不利于该地区产业集群的形成。东北地区大量的技术工人外流，如果产业集群形成了一定规模，劳动力回流就会具有很大的积极性，因此，产业工人的存量是主要优势，技术工人外流不构成影响产业集群形成与演化的主要因素。东北地区企业总体数量偏少，从企业结构来看，国有企业所占比重较大，民营企业和外资企业所占比重严重偏小，因此，无论是企业数量还是企业结构，都是产业集群形成中不容忽视的不利因素。在制度和文化方面，东北地区政府对市场的干预程度较大，市场化程度偏低，不利于产业集群的形成和发展。东北地区技术转移和成果转化的能力不强，加大了产业集群的风险，不利于产业集群向高级转化。东北地区社会资本的特点是企业、政府、科研机构的业务关系以政府为中心，呈放射状分布，这种特点决定了在东北地区产业集群形成过程中，政府应该起到较大的推动作用，而产业集群一旦形成，政府就应将产业集群的运行交给市场。

第6章综合分析了东北地区产业集群形成与演化的影响因素，认为东北地区产业集群形成的有利因素为：振兴东北的政策优势和国内外产业转移的良好机遇、独特的区位优势、自然资源优势、具有较强的产业基础、完善的基础设施，以及长期以来积累了大量的人力资本优势等。阻碍该地区产业集群形成的因素主要包括：根植性地区文化、制度变迁和现行制度、社会网络资源、现行的企业结构等。现时期东北地区应该更为注重软环境的培育，以吸引要素的集聚。当然，在项目引进、投资、产业政策、财税政策等方面，也要努力优化产业结构和经济结构，从而有利于产业集群的形成和发展。

第7章以沈阳战略性新兴产业为例，研究了东北地区产业集群的形成动力。该部分从战略性新兴产业的特征入手，对战略性新兴产业的集聚动力因素进行分析。建立了PAF产业集聚动力机制模型，从内核动力、调控动力和综合动力方面，对沈阳市战略性新兴产业中的企业集聚动力进行了研究。通过研究得出结论：调控动力对沈阳战略性新兴产业中企业的集聚起主要支配作用，在调控系统各要素分量中，创新要素与政策系统对沈阳战略性新兴企业集聚发展和贡献率达到80%，是沈阳战略性新兴企业在集聚发展过程中要保持和维护的关键。建议沈阳市在培育和引导战略性新兴产业集群形成与演化的过程中，应注重以下方面工作：培养创新性文化，强化科技创新。重视中小型科技企业发展，为集群形成创造基本要素条件。培育优化市场环境，形成有利于本地区集群形成的社会网络。拓宽信息服务渠道，形成快速有效的信息共享平台。大力发展专业性较强的现代生产性服务业，将现代服务业从大型制造型企业中分离出来。

第8章选择了东北地区较典型的产业集群——瓦房店轴承产业集群——作为研究对象，对东北地区产业集群形成路径进行了研究。瓦房店轴承产业在产业演化过程中，验证了核心外围型产业的集聚路径。首先，在集群形成初期，资本快速向瓦房店集聚，企业数量迅速增加；其次，随着资本的流入和企业数量及规模的增加，集聚了大量的轴承产业工人；再次，随着瓦房店轴承生产专业化程度的提高，形成了瓦房店地域品牌；最后，在核心企业瓦轴集团创新投入拉动下，外围型企业加入创新行列，引领着集群的技术升级和产品升级。

在产业演化方面，瓦房店轴承产业集群在集聚综合效应下，实现了产业的经济变迁。瓦轴集团注重创新性发展，在配套企业竞争中，金峰轴承率先实现创新突围，形成了以瓦房店冶金轴承集团有限公司、光阳轴承集团有限公司等10余家企业为代表的第二梯队，引领集群的技术变迁。不但符合产业演化规律，而且进一步推动了产业演化过程中创新层次化的理论创新。

最后，在全书研究的基础上，提出了促进东北地区产业集群形成与良性发展的政策建议。

著　者

2016年10月

目　录

第1章 概 述

1.1 研究的背景与问题的提出

东北老工业基地振兴战略实施以来，国家在财税、金融、投资、项目和资源型城市转型等方面给予东北地区诸多政策方面的支持，同时东北各省份也在国家政策的指导下，根据自身经济状况，制定了各行政区域的振兴政策。随着东北诸多振兴政策的不断实施，东北经济进入了快速发展的轨道，2004—2009年，东北经济增长速度在13%~15%左右，超出全国平均水平3~5个百分点，成为我国经济增长最快的地区之一。2013年以来，随着我国增长方式转变和供给侧改革战略措施的实施，东北地区传统产业产能过剩和经济增长方式粗放的问题逐步显现出来，经济进入低速增长阶段，经济增长速度一度跌至全国最差行列。

2003年以来，东北老工业基地振兴取得了显著的阶段性成果，但仍然存在诸多问题，如产业结构不合理，工业所占比重过大，特别是重工业所占比重过大，第三产业发展滞后；传统工业所占比重过大，高科技产业和精深加工产业相对滞后，资源利用效率较低，环境承载能力遇到挑战；自主创新能力不足，产品缺乏核心竞争能力；投资方面历史欠账较大，设备更新不够，与经济发达地区相比，利用民间资本和外资能力存在较大差距；政府对市场的干预较多，市场化程度较低；资源城市转型中，新的主导产业尚未形成，转型任重道远；产业集群这一新型的产业组织形式尚未在东北地区大规模发展，产业之间的关联程度较低；等等。

产业集群是以市场的供需为纽带，相同、相近或者上下游产业中的诸多企业聚集在特定区域，企业之间既竞争又合作，共享基础设施、信息、技术，从而供求信息灵活、创新动力强、吸引投资能力强，使区域经济得以快速发展的产业组织形式。大力发展产业集群，能够有效地优化区域的产业结构，增强区域创新能力，加快市场化进程，有利于形成资本洼地，从而吸引大量外资和民间资本，降低区域内产品成本，增强产品乃至区域经济的竞争能力。目前，东北地区在产业集群发展方面，难以与经济发达的长三角地区和珠三角地区相比，吸引资本和技术吸收能力严重不足。正是在以上经济背景下，笔者提出了本书的研究主题，对东北地区产业集群的形成与发展规律进行研究，从而从产业集群的角度破解东北地区目前发展中遇到的诸多难题，提出相应的政策建议，为相关政策部门提供理论方面的决策依据。

1.2 研究的目的与意义

本书的研究目的在于揭示东北地区产业集群产生的条件与发展的规律，研究在东北特定的经济环境下，产业集群产生的主要因素和发展的动力，从而为培育东北地区产业集群并促进其健康发展提供理论借鉴。

东北地区具有雄厚的工业基础和优越的资源条件，计划经济时期，国家为了快速建立完整的工业体系，在东北地区大量投资，形成了以大国企与重工业为主体的工业基地，因此，东北地区的经济基础是典型的计划经济的产物。改革开放以后，东北地区是最后开放的地区之一，同时东北地区的产业很多处于对外资和民间资本禁止与限制的行列，因此，东北地区的市场化程度较低。在这样的经济环境下，产业集群的形成与发展和市场经济条件下形成的产业集群有所不同，有自身的特色，因此，对东北地区产业集群的形成与演化进行研究，揭示其发展规律，对东北地区经济的进一步发展具有重要的现实意义。

1.3 东北地区产业集群研究现状综述

对东北地区产业集群的研究主要集中在国内学者，在众多的研究中，大家公认东北地区具有资源优势、区位优势和良好的产业基础，并在一些产业中形成了初步的产业集群，但也存在企业聚而不群、产业链短、产业集群竞争力不强等弊端，并在不同的角度，分析了形成现状的原因。

① 从经济结构角度分析产业集群发展滞后的原因。袁阡佑将东北地区产业集群现状与长三角地区进行了比较，认为东北老工业基地的衰落，是前苏联产业模式的特征，如国有经济所占比重过高是个中原因之一，缺乏参与市场竞

争的能力，并对其他所有制形式的经济成分产生“挤出效应”。侯志茹认为，东北老工业基地振兴的进程中，应当通过对国有大中型企业的产权结构调整，引入混合所有制经济，激发各种经济形势的活力和潜能，建立起以大中型企业为核心、众多中小企业为支撑的，具有国际竞争力的产业集群[1]。赵峰认为，发挥产业集群对振兴东北老工业基地的战略支持作用，必须大力发展非公有制经济，东北老工业基地发展民营经济的做法：破除轻视、排斥民营经济的陈腐观念，形成民营经济与国有经济并重的社会氛围；清理不利于民营经济发展的制度与政策，营造有利于民营经济发展的宽松的制度环境，增强民营经济的安全性，拓宽融资渠道，改善投资环境，放宽民间投资市场准入领域；成立专门的中小企业管理机构，加强对民营经济的领导、扶持和服务；让民营企业投资者看到投资获利的亮点，提高民营企业的投资信心指数，充分调动民营企业投资的积极性[2]。徐传谌、陈磊认为产业集群是东北中小企业成长、发展的必由之路。东北中小企业的发展面临诸多问题，如内部治理结构不规范、管理水平低、技术开发能力差、信息与人才缺乏等。解决这些问题，主要还得靠产业集群[3]。

② 从观念和创新意识与企业家精神的角度来分析影响东北产业集群发展的因素。徐传谌、陈磊认为，自主创新观念、意识和内生力量的形成是东北振兴中最稀缺的要素。东北老工业基地要走产业集群道路，首先要彻底改变东北人民的陈旧观念，并增强创新意识，这是一切集群措施展开的基础和东北老工业基地实现产业集群化的关键所在[3]。王英认为，从东北地区企业发展历程看，东北地区的企业是在强制性制度变迁过程中形成并发展的，尤其是在计划经济体制下，东北企业家充其量只是企业的管理者而已，东北企业家缺乏对环境的敏感、敏锐，缺乏创新精神和冒险精神，缺乏竞争意识，习惯于“等项目、靠政府、要资金”。东北企业家追求企业利润的动力差，更乐于揣摩政策的方向和领导的喜好。东北需要众多的有创业勇气、创新精神、竞争意识和经营才能的企业家，这是东北经济和产业集群发展的内在要求[4]。

③ 从旧体制的影响和企业经营机制落后的角度进行分析。齐讴歌的研究认为，影响东北地区产业集群转型的主要因素在于：旧体制残余是影响老工业基地产业集群模式转型的主要障碍；政府职能错位，企业间的价值链未能实现有效连接；企业经营机制落后，市场手段未能充分发挥作用；思想观念保守，创新意识不足[5]。王子良、金喜在从制度经济学的角度对东北地区产业集群发展进行了分析，通过分析认为，东北地区产业集群发展的制度障碍如下：制度

变迁的强制性使东北地区出现不良的经济绩效；市场制度的不完善影响了东北地区产业集群发展；非正式制度的失衡制约了东北地区产业集群发展[6]。高斌、丁四保指出，东北产业集群的症结如下。第一，东北地区的地域生产综合体在建设时期已经潜藏了巨大的集聚风险，由于综合体选择的产业多是缺乏弹性的资金密集型、技术密集型的重工业或资源产业，当综合体出现危机或衰退时，产业结构升级和转型十分困难，从而加剧了综合体危机的程度和衰退的速度。第二，受到制度变迁的约束。渐进式改革使东北产业集群赖以发展的制度环境发生变化，加之集群内的企业没有市场竞争力，没有长期积累的市场经验，一旦陷入困境，在路径依赖的作用下，很容易被衰退锁定[7]。徐充在研究东北老工业基地产业集群的转型与发展中提到，制约东北老工业基地产业集群转型的主要因素为：旧体制残余的影响，企业经营机制的落后，政府职能的错位和创新意识不足[8]。张米尔、田丹以辽宁省瓦房店轴承产业集群为例，对东北装备制造业集群在制度变迁背景下的演进进行了研究，通过研究得出结论：制度变迁对东北装备制造业集群的演进起到重要作用，以大企业为核心的产业聚集为发展产业集群提供了一条有效途径，东北装备制造业集群的持续发展要求社会信用体系的完善[9]。

④ 在市场化程度方面。张芳在研究中指出，产业集聚是解决东北大企业病的有效途径，东北老工业基地调整改造和振兴最急需的东西不是钱、不是项目，而是开放的、有活力的市场。企业是区域经济发展的最终决定力量，企业的动力、活力、创新精神、制约机制和由此形成的市场竞争力，是区域经济内在增长机制的核心[10]。

⑤ 在政府职能定位方面。王樵认为，东北地区地方政府严格的市场保护、不规范的市场操作扭曲了地方生产系统的合理运行机制，增加了企业间的交易成本，限制了生产网络的融合；重视大企业集团而轻视中小企业集群，重视硬环境建设而忽视软环境的营造，影响到集群的可持续发展[11]。邹学慧在研究东北老工业基地发展产业集群存在的问题时指出，政府职能越位，投资环境深受影响是东北老工业基地发展产业集群的重要方面，一些行政管理部门为了维持生存和增收，仍然通过收紧行政审批权、行政性收费等手段来改善财政收入和部门收入，增加了企业“经营成本”，恶化了投资环境。民营企业在投资中也受到诸如税务稽查、技术改造、项目融资、财政贴息和进入市场审批等方面的不平等待遇，关卡重重。按照投资额划定的分级审批制过于严格，限制了一批大型外商投资项目的投资建设。审批环节手续复杂，周期过长，无形中加大

了竞争性项目的投资风险[12]。

⑥ 从产业链的角度。侯志茹从产业价值链的角度，分析了东北地区产业集群发展问题，认为东北地区产业集群价值链存在的问题是产业链条断裂，构成东北独特的“孤岛式”产业结构；产业关联度较低，导致产业集聚能力较差；产业价值链松散，市场竞争优势不突出[1]。胡瑶瑛、吴恒芝、孙彩认为，东北老工业基地某些产业已经形成了潜在集群，但规模化集群形态的产业组织衍生能力不强，分析了业务外包、企业裂变、中小企业吸附和配套产业的移植这4种产业集群的衍生路径[13]。

此外，付晓东在研究中，对东北三省及主要城市的产业基础和资源条件进行了研究，提出了东北地区产业集群合理布局的建议[14]。

1.4 研究思路及研究方法

本书首先分析了东北地区产业集群形成与发展的宏观经济背景和区域经济发展背景，提出了在目前背景下东北地区产业集群问题研究的意义。对前人就东北地区产业集群的研究成果进行了梳理：一方面为本书提供理论借鉴，另一方面发现在前人的研究中尚未解决的问题。在梳理前人研究成果的基础上，针对目前东北地区产业集群形成与发展中存在的问题，提出本书的研究内容。

对产业集群经典理论进行综述，为本书的理论研究奠定基础。结合本书的研究内容，选择产业集群的形成与演化机理作为理论研究对象，为后文的实证研究做理论支持。

以前文的理论研究作指导，对东北地区产业集群的形成与演化做实证研究。在实证研究过程中，首先对东北地区产业集群的现状进行了研究，然后分析了东北地区产业集群形成与发展的影响因素，主要是东北地区存在的有利条件、影响东北地区产业集群形成的软因素和硬因素，目的是找出东北地区产业集群形成与发展的可行性策略与需要解决的关键性问题。结合产业集群形成的机理、东北地区产业集群形成的影响因素，对东北地区产业集群的演化特征进行了研究，研究了东北地区产业集群形成与演化的环境结构特征、基本条件结构特征、核心条件结构特征和高端条件结构特征。在此基础上，分析了东北地区如何抓住机遇，充分利用有利条件，克服不利因素，解决影响产业集群形成与发展的关键因素，以瓦房店轴承产业集群为例，进行实证研究，提出了东北地区产业集群形成与演化的可行性路径。

通过理论分析和实证研究，在本书的最后，提出了促进东北地区产业集群形成与良性发展的政策建议。

在对研究背景和东北地区产业集群现状的研究中，运用了宏观与微观相结合的研究方法。在产业集群形成与演化机理的研究中，应用了演绎推理方法、动态分析方法和结构分析方法。在对东北地区产业集群形成与发展的实证研究中，运用了定性与定量相结合的方法、归纳与演绎相结合的方法、理论分析与实证研究相结合的方法。

第 2 章　产业集群理论分析

2.1　产业集群的概念和特征

对产业集聚问题的研究开始于 19 世纪末，马歇尔（1890）是较早关注产业集聚的经济学家。马歇尔的研究是开创性的。他提出了产业集聚的内涵、外延，并探讨了产业集聚产生的基本原因。马歇尔认为："地方性产业为市场提供大量有专业技能的产业工人，而企业的投资往往选择具有大量产业工人的地方；同时，寻找职业的人，自然到有许多雇主需要他们技能的地方去，因而在那里技术工人就会有良好的市场；一个孤立的工厂主，即使他能得到一般劳动的大量供给，也往往因缺少某种专业技能的劳动而束手无策……" 马歇尔据此提出了"内部经济""外部经济"两个重要概念，并强调外部经济的重要性。1998 年，迈克尔·波特（M. E. Porter）在《哈佛商业评论》上发表了《簇群与新竞争经济学》一文，系统地提出了新竞争经济学的企业集群理论。在波特看来，产业集群是一个企业簇群集中在特定区域的，在业务上相互联系的一群企业和相关机构，包括提供零部件等上游的中间商、下游的渠道与顾客、提供互补产品的制造商，以及具有相关技能、技术或共同投入的属于其他产业的企业。此外，还包括政府或非政府机构[15]。

归纳现有的文献，可以认为，如以下几点是产业集群的共有特征：

① 地缘上的邻近；

② 企业之间的竞争与合作；

③ 企业与政府部门、行业协会、高等学校及研究机构、服务性中介机构的互动；

④ 良好的公用的基础设施；

⑤ 创新成果的形成与转化及默会知识的快速转移；

⑥ 价值链上的相互需求；

⑦ 外向型的投入产出；

⑧ 资源、要素市场及公共设施的共享。

因此，产业集群是产业发展演化过程中的一种地缘现象，即某个领域内相互关联的企业与机构在一定的区域内集中在一起，形成上下游结构完整、外围支持、产业体系健全、具有良好的创新环境、信息和市场集中等特征的有机体系。

2.2 古典经济学中的产业集群理论

古典经济学是以分工为基础，研究与产业集群相关的比较优势，通常采用规模收益不变和完全竞争的假设前提来研究区域间的比较优势和产业集群形成的原因；强调“空间异质性”，即非流动性要素（如地理位置、基础设施、自然资源等）的不均匀分布、独特的气候条件或存在运输枢纽（如港口、码头、集市等）[16]。

① 超边际城市模型的产业集群。超边际城市模型运用分工来解释产业集聚现象。由于区位集中有减少运输成本、共享公共设施、减少信息失真和不确定性风险等好处，所以企业追求自身利益最大化的决策行为有本能地聚集在一起的偏好，从而有利于分工的形成和发展；同时，分工的进一步发展，使得各个分工单位之间的依赖性加强，交易行为的种类和频率大大增加，从而有进一步节约交易费用的可能性，进一步加强了向同一区位的集聚。这种正反馈机制使得区位集聚与分工深化相互推进，最终在地域资源的约束下，达到分工和区位分布的最佳均衡状态。

② 创新空间理论。20 世纪 80 年代以来，以古典经济学的分工为核心的创新空间理论对产业集群的产生进行了理论解释。该理论认为，技术创新常常局限于特定地区，通常表现为高度的空间集聚。此外，这些部门和企业间联系的渠道是创新扩散所必需的知识。Storper 和 Harrison 等人认为，企业的外部范围经济取决于生产过程的专业化程度，高度工序化意味着投入产出系统包含着高度专业化的生产单元。一般的，产业内部关联度强、分工精细化，生产商趋于围绕一个区域组织生产，特别是规模小、非标准化的产品。在这种情况下，由于分工产生了外部经济，从而形成集聚，创新与空间的关系建立在如下形式上：外部规模和范围经济促进了系统对外界的适应能力，并刺激了内部的创新变化。此外，空间集聚网络在创新过程中起着重要的作用，知识易于在空间传

播，由于存在这些非标准化和动态交换的关系，创新生产者趋于集聚[17-19]。

2.3　新古典经济学的产业集群理论

新古典经济理论在完全竞争市场结构和生产函数规模报酬不变假设下，研究微观经济活动和宏观经济增长，假设要素流动是瞬间的和无成本的，认为当经济运行偏离原有的均衡状态时，市场经济体系具有一种自我恢复均衡的力量。新古典产业集群理论注重地理邻近性导致的技术溢出，以及静态和动态的空间外部性，典型的传导介质促使集群地域内的工程师、科研人员和熟练工人交流。

① 新古典经济学派怀疑马歇尔专业化产业集群的“劳动力蓄水池”作用。如 Mills（1992）指出了引起产业集群的三个因素。第一，投入产出聚集。产业链条上的企业邻近能够减少运输成本。在此，自然资源和生产过程是约束条件。第二，购物比较聚集。产品的集聚便于买主聚集到一起来检验商品，各种买卖过程中的全部事项都通过面对面的详细交流来解决。第三，信息聚集。通过产业集群，涉及同类信息的企业可以更多地获得信息并减少获得信息的成本。大量似是而非的信息有利于产业集群的形成。即使在因特网普及的今天，企业家持续的面对面的交流依然非常重要[20]。

② 对静态外部性的批判。许多批评都是针对静态外部性信息流能否测试这个问题。第一，“不可见的问题”。许多实证文献宣称，新古典静态外部性是产业集群的来源之一，这些证据通常会从规模收益递增的角度来进行解释。对此，克鲁格曼认为：“知识流动是看不见的，无法按照痕迹进行衡量和追踪，无法证实理论家假设的正确性。所以，尽管可以确定真正的技术外溢在许多产业中作用重大，但即使在高科技产业集群中也不能把技术当作集群产生的主要原因。”[21]第二，企业不一定依靠面对面的交流来维持效率或创新。“事实上，信息知识能够并且已经在地理上广泛地传播和扩散信息。”汉森认为，在产业集群区里，竞争性企业常常试图保守秘密，而信息通过网络传播的方式，能扩散到伙伴或盟友那里[22]。

③ 后新古典经济学的集群观点认为，地理邻近性不一定是竞争优势的充分或可测度条件。1984 年，Piore 和 Sabel 提出了产业区理论，强调意大利产业集群生产系统中的信任和灵活，从而开创了从环境的视角研究产业集群的方

法[23]。Nicolini 认为，企业之间的默契或正式合作是通过一个可持续的网络关系来实现的[24]。

Saxenian 对硅谷和 128 号公路两个微型计算机集群在 20 世纪 80 年代的兴衰情况进行了比较，分析了这两个集群地区交流方式的差别：早期工程师和各类技术专家经常在硅谷的“货车轮”饮料店聚会和交流本行话题，而 128 号公路地区则没有这种氛围。她认为：“高流动性的劳动力和熟练工人群体可以迅速组合在一起。他们为一个项目而结合起来，这个系统充满灵活性和适应性，关于新市场、新技术的信息迅速流动着。”[25] 另外，Renney 和 Burg（1999）对以下两个术语进行了定义：第一类经济体系（建立企业及其支撑机构）和第二类经济体系（扶持新企业成长的支撑机构）。“毫无疑问，信息分享和企业间合作是硅谷成功的主要原因”，其实，产业集群区成功的最终原因是：新企业的形成机制。而第二类经济体系的参与者把“发现市场空白点，创建技术优势”当作目标，创新企业就是第二类经济体系的产品。这表明产业集群具有动态外部性[26]。

2.4 新贸易经济学中的产业集群理论

以不完全竞争和报酬递增理念为基础的新方法，特别是在 Dixit 将张伯伦垄断竞争形式化之后，催生了新贸易理论[27]。新贸易理论所揭示的专业化和贸易机制与传统经济地理研究中的聚集机理有很大的相似性，涉及产业集群的理论主要有克鲁格曼基于规模报酬递增的中心—边缘模型。1991 年，克鲁格曼在总结 Harris（1954）的“市场潜力”理论与 Bred（1966）的以市场规模与区域产业范围间循环关系为基础的进口替代经济增长理论的基础上，采用 Dixit Stiglitz 的垄断竞争假设，提出了中心—边缘模型。模型研究结果表明：一个经济规模较大的区域，会出现一种自我持续的制造业集中现象，经济规模越大，产业集中越明显，“中心—边缘”结构的形成取决于规模经济、运输成本和国民收入中的制造业份额[21]。

Waltz（1996）认为，区域经济一体化会导致规模收益递增和创新产品的区域性集中，区域经济增长源于产业部门的地理集中及由此导致的生产率持续提高[28]。Martine（1999）研究了聚集经济条件下的区位竞争问题。他通过模型分析得出结论：在最初的区位竞争中获胜的区域对企业具有较大的吸引力，最初参与区位竞争的第一批企业虽然可以获得较大的激励经济，但随后的企业却能够从该区域的产业集群形成的外部经济中获益[29]。Venables（1996）以新经济地理学模型为基础，发展了跨区域贸易的产业集群理论。假定生产要素不能自由流动，如果中间商品受到规模经济和运费的影响，生产过程中必然会出现区际经济不平等问题。因此，拥有大量制造业门类的区域能为中间商品提供比较广阔的市场，使这些厂商趋向于地域一体化集中，从而使下游生产具有成本优势，并强化这种优势，从而循环往复[32]。

2.5　新增长经济学中的产业集群理论

新增长经济理论认为，内生经济增长是“边干边学”的过程。内生技术进步的经济增长在地域空间上表现为区域经济增长的不平衡性，聚集产生的技术外部性和货币外部性使要素边际收益递增，从而引起经济活动的空间聚集。因此，规模经济不再是一个外生的经济变量，而作为内生经济变量被纳入区域经济增长模型。相关理论基础有阿罗的学习曲线、罗默的增长“处方”、卢卡斯的自回归矢量和时间连续性规定。

新经济增长理论通过技术进步内生化，为产业集群发展理论奠定了微观经济学基础。阿罗（Arrow，1962）认为：“个人在企业间的流动（跳槽）提供了一种信息扩散的途径。”因为知识绝大部分是固化在劳动者身上的，“战略”性员工的猎头，实际上是提高生产率的捷径[33]。Audertsch（1998）认为，企业趋向于迁入“信息富裕”的环境，因为企业“扎堆”后，员工间的非正式交流或员工的“跳槽”行为将使各种默会知识（信息）在企业之间传播扩散。

新经济增长论强调主导企业的技术创新对产业集群的关键作用。Freeman（1982）认为，地理集中通过信息交易、知识外溢等方式来支持创新发展。地理毗邻的企业获取信息、交流观念和分担成本，从而发挥单独定位所不具备的“集体”优势。同时，各个企业又能保持原有的灵活性和自主性[34]。

创新环境是创新过程的必要条件。Baptista（1998）认为，当创新所需的资源可在企业内部找到时，对创新者而言，生产环境并不重要。然而，如果没有足够的内部资源，创新与创新环境就密切相关[35]。Maillat 认为，技术创新中应首先假设创新环境是必需的条件，资源的集成和新型生产组织的应用使得企业不再是孤立的，通过与其他企业、研究中心、技术转移中心和行政当局建立合作伙伴网络来创造创新环境[34]。

产业聚集引起区域的技术产生新的均衡。Amiti（1998）研究了两区域模型（上游产业呈古诺寡头竞争型，下游产业呈完全竞争型）后认为：第一，上下游产业的垂直关联导致一个区域产生产业集群，另一个区域则被“边缘化”，并且会产生区域间的工资差异；第二，若新旧技术不相容，则采用新技术的企业将无法享受依旧使用现存技术的企业所形成的聚集经济性；第三，如果存在区域间的工资差异，那么产业集中度高的区域采用新技术的成本比边缘区域要高；第四，最终的均衡结果可能是边缘区域首先采用新技术实现赶超，也可能是采用新技术的企业均匀地分布于两个区域[35]。

产业集群面临“技术锁定”的高风险。Venables（1996）认为：首先，企业对过时的生产工艺墨守成规，不愿采用生产效率更高的新技术；其次，企业可能不愿放弃与现存技术相关的聚集经济利益；最后，在产业集度低的边缘区域，由于与现存技术关联的聚集外部性并不占优势，则更有可能采用核心区域（产业集群度高的区域）不愿采用的高新技术。当边缘区域的企业纷纷采用新技术时，则边缘区域的聚集经济性逐渐上升，从而最终赶超原来的核心区域。所以，核心区域不仅可能延迟新技术的应用，而且其集群优势很可能被边缘区域所取代[30]。

2.6 产业经济学中的产业集群理论

① 产业经济学的集群分析框架。区位竞争模型假设消费者偏好分布于某些参数的连续空间内，不同消费者拥有不同的均衡点。企业通过确定恰当的产品差异性和价格实现利润最大化目标。Koopmans（1949）认为，产业集群中的任何经济主体不是无限可分割的，必然占用一定的空间[36]。

产业经济学集群分析的理论基础是有名的“空间不可能定理”。Starrett（1978）引入同质空间来分析阿罗－德布鲁模型时发现，任何空间竞争均衡时的总交易费用必须为零，因此，均衡时，不可能出现区域间贸易，即完全竞争模型不可能是研究空间经济学的基石。其主要结论是：当一个经济体系中存在有限数量的经济主体和有限区域时，如果空间同质，交易费用和偏好无区域差异性，那么就不会产生涉及跨区域的完全竞争均衡。因此，只要经济体系中存在不可分割性，即任何经济主体的经济行为都必然占据一定的空间，那么经济主体间的相互作用必然产生交易费用。

Fujita 和 Thisse（2002）认为，在完全竞争体系中，一种商品的特性不仅由其物理特性而且由其制造区域所决定，因此，不同区域交易的同种商品可以看作不同的物品。在此框架下，区位选择是商品选择的一部分，从而把市场的空间相互依赖性统一到一般均衡体系。第一，企业不再是价格接受者，而是根据顾客和企业的空间分布来进行价格决策，并因此导致企业间、居民间和企业与居民之间的相互依赖性而形成产业集群。第二，企业在规模收益递增的背景下制定价格，并生产差异化产品。因为每个企业都很小，相当于产业整体中的一员，所以企业之间的战略相互作用很弱。第三，大的经济主体（如大企业、地方政府、地产开发商等）数量有限，他们依赖于其市场势力（或垄断能力）来决定竞争战略，彼此依赖度高，战略上相互作用很强。第四，在以完全竞争模型为基础的比较优势背景下的市场均衡是社会最优，而外部性和不完全竞争模型涉及到市场失灵，所以市场往往无效或低效（非最优）[39]。

② 产业经济学的相关产业集群模型。近年来，相关的产业经济学模型大量涌现。Yi（1998）通过假定企业独立性、区域独立性，证明即使所有企业和所有区域初始均匀分布，随着区域的演化，最终将存在产业集群均衡[38]。Bellefamme（2000）假定技术线性外溢，引入一个异质参与者的博弈模型，表明存在两个区域的纳什均衡，并且产业集群均衡有唯一解。Ottaviano 和 Thisse（2001）认为，由于跨区域交易存在交易费用，那么经济主体占用空间的活动将产生基本的经济非凸性，以至于不可能存在空间竞争均衡。他俩的研究结论是：其一，在区域内，企业之间空间毗邻而产生技术外部性，从而形成产业集群；其二，不同区域的企业之间虽然缺乏地理空间毗邻的条件来产生技术外部性，但由于存在货币外部性，依然有集群倾向；其三，技术外部性本质上是一个“黑箱”，地理学家和城市规划者强调其重要性，旨在找到复杂的非市场联系的关键因素；其四，货币外部性是经济学家们津津乐道的话题，因为从规范经济学的角度看，这种外部性的前因后果能用基本的微观经济学工具来解释，如规模收益水平、企业的市场竞争力和商品及要素流通壁垒等；其五，在完全竞争市场上，由于价格永远反映着商品和劳务的社会价值，所以，只有技术外部性会影响效率；其六，在不完全竞争市场上，由于存在市场缺陷，价格变化与经济主体的得失密切相关，所以，货币外部性更重要。如果仅仅用技术外部性的“黑箱”来分析马歇尔产业区，那么有可能会导致非常不适当的政策建议。

2.7 我国学者对产业集群的研究

对于产业集群现象，我国学者也给予了高度关注。从总体看，目前我国学者对产业集群的研究主要集中于对产业集群的方式、形成原因、定义、新特点进行概括，对产业集群如何提高企业的生产率进行理论分析，以及对产业集群的区域效应进行归纳总结。

如仇保兴认为，以“浙江模式”为代表的“市场型”企业集群是在“能人示范”“商贸促进”“政府扶植”下发展起来的。他特别强调了中间产品市场的作用，认为中小企业集群实际上是市场根据特定的条件，以一种有效率的中间体组织形式替代原生经济组织的结果[39]。

盖文启和王缉慈认为，区域创新网络对我国高新技术中小企业发展有4个作用：其一，降低了企业间的交易费用；其二，保证了多样化的消费需求和供给的及时反馈，对技术信息和市场信息快速吸收，对劳动力资源有效使用、培训和分配；其三，促进了各种信息的流通；其四，通过网络联系，推进创新成果和创新知识在区域内企业间的扩散[40]。

梁小萌指出：产业集群不仅能使企业获得外部经济，而且有助于企业实现规模经济。一方面，产业集群使企业获得外部经济效益，增强了竞争优势，有助于实现内部扩张；另一方面，集聚在同一区域的企业，出于对同一产业链中企业间的依赖而密切联系，分工协作，容易实现企业的联合，实现外部扩张[41]。

张仁寿（1999）从区域经济、非正式制度等方面进行了一些探讨[42]；李新春（2002）注重从企业网络或企业家网络的角度来研究企业集群，同时强调企业家创新精神在发展中的重要作用[43]。仇保兴从产业生态学的角度来研究中小企业集群；姚先国从产业集群演变特征角度进行了有意义的研究[42-43]。

台湾学者注重运用社会关系网络理论解释集群的形成与发展。概括起来，大致有两大途径。其一是从社会学的观点出发所做的探讨。认为企业家协作网络关系是建立在网络成员之间彼此信任关系之上的，而这种信任关系则需要企业家之间的社会关系的建立，因此，企业家之间的社会关系是维持网络稳定的主要力量（陈介玄，1994）[44]。其二是依据经济学的观点，认为企业因降低交易费用、依赖希缺资源、降低不确定性等原因形成网络关系（吴思华，1992）[45]。

第3章　产业集群形成与演化的机理分析

3.1　产业集群形成与演化的结构因素

产业集群是一种优越的产业组织形式，产业集群通过共享基础设施和市场及技术信息，创造良好的产业软环境，形成完善的创新体系，培养挑剔的客户群体，从而促进产业迅速发展，促进区域产业结构优化升级，形成区域品牌和区域产品的强大竞争能力。

对于产业集群的形成机理，阿尔弗雷德·韦伯（Alfred Weber）的工业区位理论认为，集中在同一区域企业的内在分工、协作和区域资源利用率的提高，能够带来企业生产经营成本的节约和“企业外在性经济”，从而吸引更多企业集中到这一特定区域发展，其结果导致产业集聚发展，形成产业集群[46]。由科斯（Ronald Coase）提出、威廉姆森（O. Williamson）等人发展的交易费用理论认为，环境的不确定性、小数目条件、机会主义和信息不对称等导致交易费用的增加，构成市场与组织间的转换关系。产业集聚有助于减少环境的不确定性、改变小数目条件、克服交易中的机会主义行为和提高信息的对称性，从而能够降低交易费用，提高合作效率[47-48]。迈克尔·波特则从竞争经济学的角度研究产业集群问题，他认为，产业集群由独立的、非正式联系的企业及相关机构形成，是对有组织价值链的替代，是一种能在效率、效益及柔韧性方面创造竞争优势的空间组织形式[15]。而在产业集群的形成和演化机理中，均未涉及其内部结构中的主要矛盾，系统科学认为，结构决定功能，因此，对产业集群内部结构的研究是揭示不同类型的产业集群，以及产业集群的不同发展阶段表现出的宏观表象的一种新视角。

3.1.1　产业集群中不同阶段结构的特点与作用

产业集群是在特定区域相同或相关行业中相互竞争和合作的企业群体。这些企业生存在共同的外部环境中，它们共享区域的交通、通讯、水利、能源等基础设施，共享地方的自然资源，从而降低成本，形成规模效益递增效应。同时，这些企业共同创造着地方的产业环境，推进地方的市场化程度，影响着地方的产业政策、融资政策。嵌入地方的文化和价值观。共同形成巨大的地方卖方市场，吸引着众多的客户群体，并激发客户的深层次需求，从而培养挑剔型客户。同时推动地方创新体系的形成和完善，拉动创新投入和应用型研究成果的出现，并使得创新成果快速商品化，通过知识溢出效应，非线性地使技术快速传播。这些由产业集群创造的软环境反过来又会给产业集群提供发展和高级化的沃土，从而形成良性循环。

综合产业集群不同发展阶段形成和发展的条件，大致可以归纳为三类：一是基本要素条件，包括自然资源、资本资源、劳动力资源等；二是核心要素条件，包括企业数量、市场体系、制度支持等；三是高端要素条件，包括文化创新、技术创新和社会资本等[49]。

3.1.1.1　基本要素条件阶段

基本要素条件阶段是产业集群形成的初级阶段，在这个阶段，只是企业的简单集聚，还不能叫作严格意义上的产业集群。由于在某些区域拥有独特的自然资源、较好的资本资源或廉价的劳动力资源，或者某些地区提供优越的产业政策和区域投资政策，吸引一些企业为了追最求低成本，从而纷纷在该地区投资。这类企业多为资源型企业或来料加工型企业，企业之间多为竞争关系，彼此之间很少合作，技术含量较低或者没有核心技术，当地市场需求不旺盛或者根本没有市场需求，其产品往往销往外地。因此，这一阶段的结构最为简单。如图 3.1 所示

3.1.1.2　核心要素条件阶段

核心要素条件阶段是产业集群发展的中级阶段，由于基本要素阶段企业的集聚，使得区域交通、通讯、能源等基础设施不断完善；同时，随着投资的不断增加和经济的快速增长，教育、医疗、购物、娱乐等生活设施不断建设，吸引企业数量不断增多，随着交通和通讯的便利，使得技术含量较高的下游企业纷纷在区域投资，形成了产业链条，随着产品的多样化和技术含量的提高，吸

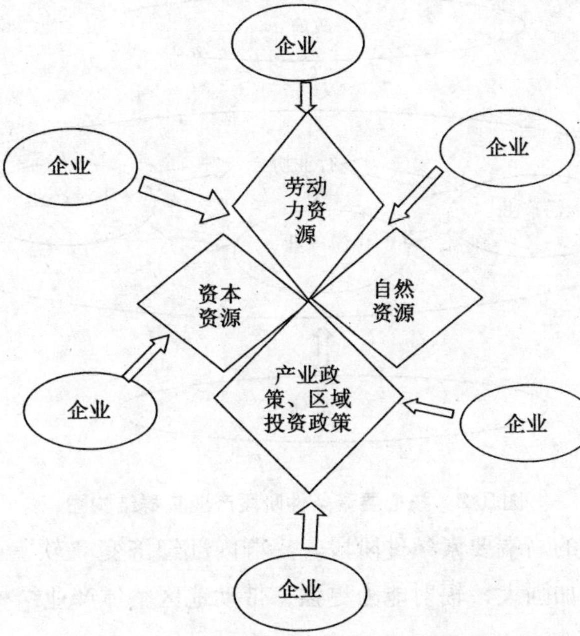

图3.1　基本要素条件阶段产业集群结构图

引了更多的客户，形成了地方市场，随之市场体系逐步形成和完善。随着市场发育的不断成熟，出现了规范行业规则、协调企业间利益、促进企业协作的行业协会，这些行业协会代表企业要求，促进有利于行业发展的政策和制度的形成。政府制定相应的政策和制度，为产业集群的优化升级创造条件。在这个阶段，企业分工细化，企业之间的合作加强，信息流动快，知识溢出效应明显。如图3.2所示。

3.1.1.3　高端要素条件阶段

随着产业集群的发展，人力资本、土地、厂房租金、生活设施等要素的价格呈现递增趋势，因此带动生产成本递增，此时企业的最佳选择是在享受集群效应的前提下，降低成本。于是，很多企业纷纷将加工基地移出集群区域，而将公司决策中心、研发中心、信息中心等设在集群区域。企业内部这种软功能和硬功能的地区分离，使得集群内部更注重技术研发、知识获得、信息搜集和加工、产业发展软环境的构建，以及各种社会网络和社会资本的建立与应用。在这个阶段，金融、技术服务、信息服务、管理咨询等服务业快速发展。因

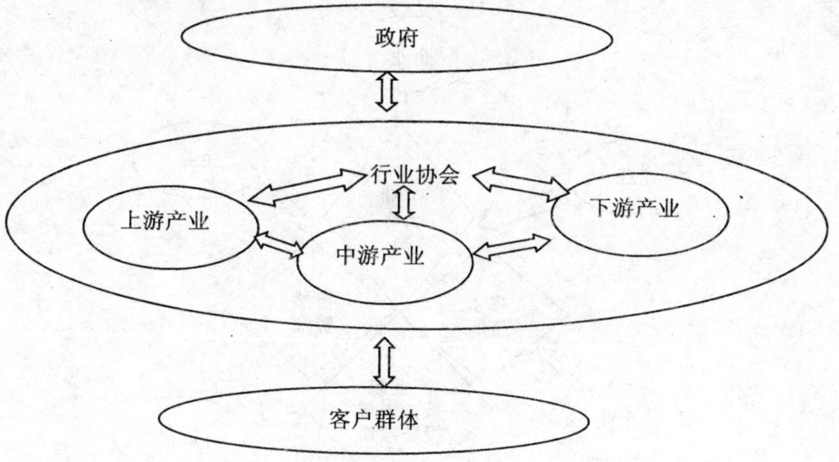

图 3.2 核心要素条件阶段产业集群结构图

此，在产业集群的高端要素条件阶段，集群内部经济变“软”变“轻”，而集群的功能变得更加强大，辐射能力更强，带动地区整体产业结构升级。

3.1.2 结构的功能性

耗散结构理论认为：物质系统的结构是与功能紧密相连的。功能和结构是对应的，有什么样的结构就有什么样功能。结构是功能的基础，物质的结构决定其功能，功能体现了结构，并对结构有反作用。结构深藏于内，功能表现于外，结构是相对稳定的，功能是与结构相对应的，但也是易于变化的。可以通过功能来推测结构，当认识了结构以后，又能预测其功能[50]。产业集群的结构包括企业、政府、协会、客户、科研机构、科技及信息服务公司等。

3.1.2.1 产业集群核心结构的功能性

企业是具有适应性的主体，它能够与环境及其他主体进行交互作用。复杂适应系统理论认为，主体在持续不断的交互作用过程中，不断地“学习”或“积累经验”，并根据学到的经验改变自身的结构和行为方式。整个宏观系统的演化或进化，包括新层次的产生、分化和多样性的出现，新的、聚合而成的、更大的主体的出现等，都是在这个基础上逐步派生出来的[51]。

政府是产业集群环境的创造者和维护者。产业政策的制定、产业市场的规范、创新体系的形成、产业成果转化的推动、区域基础设施的建设和完善、地方基础教育的发展、文化和价值观的引导、诚信体系的建立等，有利于产业集群形成和成长的环境无不依靠政府的投入，因此，政府对于产业集群的形成和发展的作用是规范、服务与引导，而不是干预其经营和运作。

行业协会是行业自律和企业群体利益的代言人，同时是行业获得信息、技术交流和知识溢出的重要场所。行业协会是企业和政府之间沟通的纽带，政府可以通过行业协会对行业进行规范化管理，通过促进行业协会与研究机构的合作，使得研究成果快速市场化，企业可以通过行业协会向政府争取适合自己发展的政策环境。行业协会也是众多同行集聚的地方，因此，信息的便捷性、知识的溢出性、社会网络的广泛性是其他要素所不能替代的。

挑剔的客户群体是产业集群不断培养的结果，同时是产业集群创新动机的源泉，这里的客户群体中包括集群内部中间产品的需求厂商。经济学认为，资源的稀缺性和需求的无限性推动着整个经济向前发展。集群内部同业间的竞争，使得产业集群在质量、功能和性价比方面具有较大优势，也正是集群效应给客户提供了更多的选择余地，使得客户对产品的要求越来越苛刻，谁能满足客户的苛刻要求，谁就能够占领市场、得到发展，否则就会失去市场。因此，企业作为创新的主体，具有较强的创新动力，正是这种较强的创新动力带动产业的快速发展。

科研机构、高校、政府、企业、科技和信息服务公司共同形成了产业集群的创新体系。创新体系是产业集群的生命力所在，只有不断创新的产业集群，才有更好的成长性，否则将会失去生机、不断萎缩。企业是市场的供给者，同时是市场信息最敏感的接收者，因此，企业是创新的主体，企业将从需求拉动方面进行创新；而研究机构和高校若不与企业合作，则难以推动科研性创新。当然，产业集群创新的高效率要求创新体系高效运转，在政府促动下，企业和科研机构、高校相互合作，充分发挥企业和科研机构、高校的优势；同时，科技和信息公司不但为集群提供较先进的技术信息、需求信息和管理理念，也有助于科研机构、高校的科研成果快速地进入市场，完成科技成果的商品化。如图 3.3 所示。

3.1.2.2　产业集群环境结构的功能性

① 宏观经济环境。当经济发展趋势良好时，需求旺盛，所有经济体具有良好的盈利机会，因此，对产业集群的发展创造了难得的机遇，但并不意味着产业集群相对竞争能力的增强，产业集群相对竞争能力来源于其相对其他产业

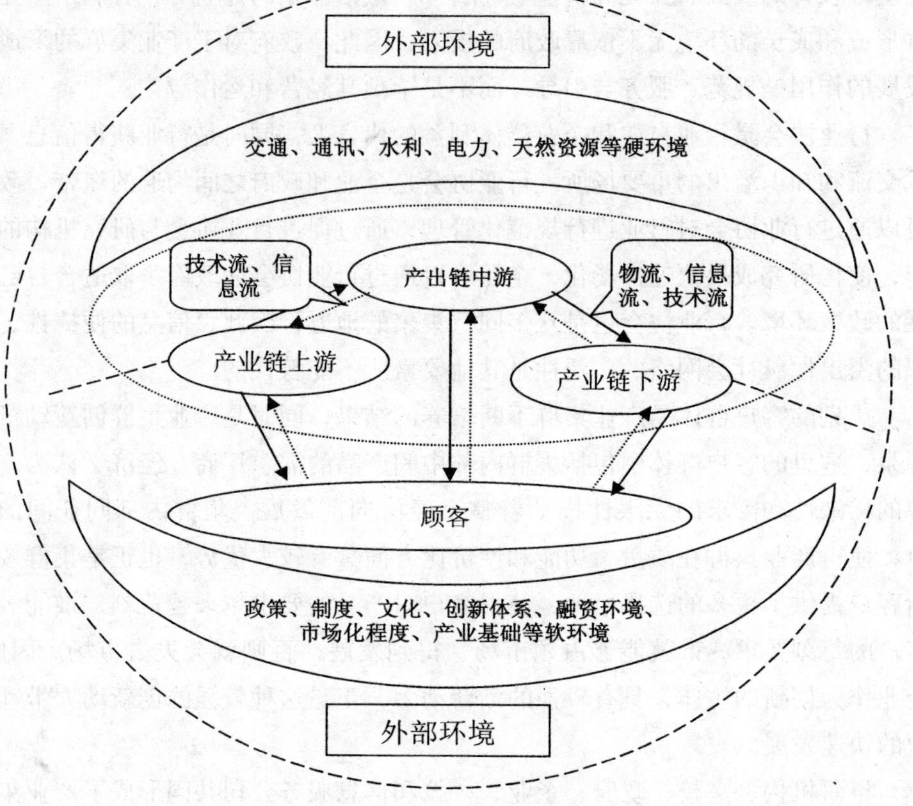

图 3.3　产业集群结构图

或者经济体增长相对速度的快慢。经济增长模式也是影响产业集群发展的环境因素之一，在资源和环境允许的条件下，能够允许产业集群以粗放式的模式快速增长，当资源和环境承载力受到挑战时，只能允许产业集群集约式发展，粗放式增长使得产业集群发展速度较快，集约式发展能够提高产业集群的核心竞争能力，但对中心企业是较大的挑战，因此，集群的整体发展速度将放缓，特别是在产业集群从粗放式增长到集约式增长的过程中，产业集群的总体规模可能在一定时期内减小。国家的进出口宏观政策对产业集群的发展也具有较大的影响，当鼓励该产业或者上下游产业出口时，产业集群将得到快速的发展；当出口受阻或者限制出口时，产业集群的发展速度将明显放缓。

② 区域环境。价格低廉的自然资源是产业发展中低成本的先天优势，因此，如果产业集群所在区域是资源禀赋较好的地区，集群将具有较快的发展速度。鼓励区域发展的政策是产业集群发展中一个有利的区域环境，鼓励性区域发展政策将在土地、税收、融资、项目支持等方面有利于区域内所有产业的发

展，对于产业集群成本的降低起到很大的作用，从而增强区域内产业集群的相对竞争能力，因此，吸引要素的进一步快速集聚。基础设施是吸引企业的必要条件，基础设施的完善与否关系到企业在竞争中的运营成本高低、信息传递的速度、企业的成长等，因此，完善的基础设施是吸引要素集聚的必要条件。区位环境是周边交通条件、仓储条件、人文环境、科技环境、气候环境的综合，企业的投资非常注重区位环境的选择，因此，区位环境是产业集群形成与发展中的重要因素。

③ 产业环境。产业集群是居于相同或者密切相关产业的众多企业聚集在某一特定区域，因此，集群所在产业的产业政策对集群的发展起到至关重要的作用，特别是集群所在地区的产业鼓励政策，使得产业成本降低，集群相对竞争能力加强，吸引要素加快集聚，集群得到快速发展。区域产业基础是产业集群形成的基础条件，集群中的产业技术水平决定着集群的发展阶段、技术水平低，则集群处于产品的相互模仿、相互压价、低端的恶性竞争的初级阶段，这一阶段集群的风险极大，很容易快速形成、快速消失。在这一阶段，应引导企业进行技术引进、技术改造和技术更新，避开低端的价格战，走产品差异化的道路，建立自主品牌，引导集群走向良性发展的路径。集群中要素获得的难易程度也制约着集群的进一步发展，产业工人丰富则人工成本较低，资金丰富则融资成本低，研发机构多，则技术的可获得性好，产业集群的发展速度快。产业市场的成熟程度是需求拉动供给的，从而使产业集群快速成长的重要因素，集群所在的产业市场越成熟，越能吸引更多的客户资源，则区域内的需求表现为不断增加，旺盛的产品需求吸引要素进入集群，表现为新企业的入住和原有企业生产规模的加大，从而使产业集群良性发展。产业集群的优势不仅仅在于集群中企业间的激烈竞争使得产业的竞争能力增强，更在于邻近企业之间的合作，因此，集群内企业间合作的难易程度是产业集群发展的又一重要因素。企业之间相互邻近，彼此了解，易于相互监督，违规成本高，因此，更易于形成彼此之间的合作关系，集群内部易形成众多的虚拟企业。一方面，在技术方面联合创新，拉动整个产业链条快速发展；另一方面，中小企业之间的合作形成规模效应，既有大型企业的规模经济优势，又有中小企业决策快速和灵活适应环境的优势，因此，集群内企业之间易于合作，有利于集群的发展，否则集群会面临发展风险。国内外产业发展状况和产业集群在其中的相对发展水平是判断集群相对竞争能力的重要标志，也是产业集群发展阶段的重要标志，如果产业集群的技术水平相对较高，那么说明该产业集群具有较强的竞争能力，集群

在发展过程中的风险较小；相反，则说明该集群竞争能力较弱，集群处于低端竞争阶段，在这一阶段，产业集群存在较大的风险。产业集群所在产业在国内外范围内转移的趋势严重影响产业集群的形成与演化，由于产业集群的优势在于相关产业彼此邻近，相互合作，以及相同产业中众多企业既竞争又合作，从而形成产品的竞争优势，因此，当产业中的制造型企业向集群所在区域转移时，产业集群的发展就快。在这种情况下，集群的软环境和集群承接转移的能力决定着集群的成长速度，若集群的制造型企业从该地区转出，则集群从制造型产业集群向研发型产业集群演化，此时产业集群的风险加大，其风险来自集群掌握技术的高端性、创新能力和研发机构转移的便利性。

3.2 产业集群形成与演化的微观因素——要素集聚

经济学所指要素的概念一般为生产要素，即进行物质资料生产的必需的有形或无形的各种投入。西方经济学的经典理论通常理解的生产要素是土地、劳动力、资本、技术。随着知识经济的兴起和信息高速公路的普及，信息在生产中的地位也日益重要，六要素论的说法逐渐形成，即生产要素一般包括以土地为代表的自然资源、资本、劳动者、技术、管理和信息[52-53]。从区域经济学的角度，区域要素有两类：一是指构成区域单元的组成部分，如经济中心、经济腹地和经济网络被称为区域要素；二是指影响区域经济发展的各种要素集合，包括自然资源、劳动力、资本、科学技术、组织管理、信息和影响发展的区位与环境。

综合各类产业集群形成和不同发展阶段的条件，大致可以归纳为三类：一是基本要素条件，包括自然资源、基础设施、区位条件、信息服务、资本资源、劳动力资源等；二是核心要素条件，包括产业基础、市场体系、制度环境等；三是高端要素条件，包括根植文化环境（包括传统、企业家精神培育及创新创业文化、价值观、诚信意识等）、技术创新和社会资本等。

产业集群的产生从微观层面来看，是要素集聚效应的体现，产业集群形成和演化的动态过程为要素的定向流动。要素的流动造成集群内部企业数量和企业规模的动态变化。一家国内企业成长的基础来自组织的不均衡成长[54]。企业层面的规模经济、运输费用和要素流动性之间的相互作用可导致空间经济结构的产生与变化[55]。

针对要素流动的原因及对经济的影响，国内外学者展开了激烈的探讨。Castells在1996年提出了“流动空间”的概念，并指出，伴随着信息技术革命和全球化进程，这个流动空间存在于三个层次：电子通讯网络、物质网络（由商品、信息、劳动力和知识流动构成）和精英网络[56]。Salter最早对英国28个制造业行业的结构红利假说进行了分析，结果显示：英国制造业间的要素流动显著地促进了生产率的增长[57]。Samuelson根据要素价格均等化原理，认为，产品的流动实质上是要素的流动[58]。Krugman（1991）认为，劳动力区际流动是对工资区际差异的反映[21]。Overman，Redding和Venables（2004）从经济地理学的角度探讨贸易流的方式、要素价格和生产的区位问题，认为地理条件是要素价格的重要决定因素，提出了基于地理的贸易流和要素价格影响是产业集聚产生与发展的机理[51]。李群的研究说明，要素向某个地区流动的动力强度取决于该地区能够为要素带来的最大潜在收益，而这种潜在收益的大小则是由该地区自然资源、政府和基础设施、固定资产、人才技术积累、经济运行机制及社会文化等因素相互积累叠加后形成的区域整体能量决定的[60]。张世晓认为，要素流动黏性是导致区域经济非均衡的一个重要原因。区域制度竞争是克服要素流动黏性的有效方式。政府在降低要素流动黏性、促进区域经济均衡发展方面，能够发挥重要的作用[61]。杨省贵、顾新研究了创新要素在区域创新体系间的流动问题，提出期望边际创新要素收入是创新要素流动的决定性因素[62]。

经济演化视角下产业演化被视为非均衡变化的动态过程。在演化分析框架下，产业内的企业被看成有着不同学习能力和适应性的微观主体。而多样化的微观主体之间相互作用，以及微观主体与环境之间的互动，使得产业中微观主体的规模或者数量发生变化，系统涌现出特定的宏观结构，即表现为产业的演化过程。在前人的文献中，多围绕企业的进入和退出来研究产业演化，对企业进入和退出动力的研究，归结为内生动力和外生动力两个方面。在内生动力方面，赵卓、王敏（2012）认为，产业内企业的技术创新和学习是其演化的基本动力[63]；Yamamura（2005）的研究认为，在产业生命周期初始阶段，存在大量的企业进入和技术简单模仿，到成熟阶段后，企业进行技术再创新和模仿，无效和效率低的企业退出行业[64]；Benkard（2004）构建了一个商业飞机制造业的动态寡占模型，分析产业动态，研究结果显示，“干中学”效应能提高企业的产量，是企业进入的重要动力[65]；Randon & Naimzada（2006）认为，学习具有外溢性特征，能够驱使无效率或者低效率的企业退出行业[66]；

Bottazzi 等（2001）认为，企业进入、退出和创新性学习之间的相互作用是产业演化的决定因素，从而塑造出不同特征的“演化原型”[67]。在外生动力方面，国内外一些学者认为，市场需求是技术创新的动因，需求变化影响企业退出决策，导致原有产业体系的分化[68-69]。Lewin，Long 和 Carroll（1999）建立了产业与环境的互动演化模型，认为产业内的企业行为、产业、政府政策和制度之间相互影响[70]。Pelikan（2003）对技术与制度协同演化模型的研究表明，制度对技术创新产生激励效果，技术创新成功与否及技术扩散速度都取决于制度的作用力，进而决定产业的演化[71]。

在要素使用方面，由于原来的主要投入要素逐渐短缺，企业不得不升级技术、组织形式、产品结构来改变原有的投入要素结构，以便适应竞争环境中的要素禀赋转化[72]。由此看来，企业投入的要素结构由竞争环境中的要素禀赋决定，要素结构进而决定产业动态演化。在以往的研究中，将企业作为黑盒子进行处理，实际上，产业的演化不只是通过企业的进入或退出来显现，同时通过企业规模的增加、企业结构的变化、企业内部投入要素结构的变化得以实现。本书从流动要素的集聚视角来研究产业的演化，更能够凸显产业演化的本质，而且使要素的自我集聚效应、要素洼地效应、要素锁定效应在产业演化过程中的作用机理得以揭示。

3.2.1　产业集群形成与演化中的要素分类

经济学所指要素即进行产品或劳务生产所必须投入的有形或无形的各种投入。从区域经济学的角度，区域要素有两类：一是指构成区域单元的组成部分，如经济中心、经济腹地和经济网络被称为区域要素，其中包括区域单元独特的基础设施、区位条件、产业基础、市场体系、制度环境、根植文化、创新环境和社会资本；二是指影响区域经济发展的各种要素，包括自然资源、劳动力、资本、科学技术、组织管理、信息和影响发展的区位与环境。

产业集群的发展依托于特定的经济区域，按照产业集群在形成和不同发展阶段所需要的条件，本书将要素归纳为三类：一是集群产生初期需要的基本要素条件，包括自然资源、基础设施、区位条件、信息服务、资本资源、劳动力资源等；二是集群快速发展期需要的核心要素条件，包括产业基础、市场体系、制度环境等；三是集群成熟期起决定性作用的高端要素条件，包括根植文化环境（包括传统、企业家精神培育及创新创业文化、价值观、诚信意识等）、技术创新和社会资本等。

产业集群的实质是要素的集聚，以及在各要素之间相互作用下实现收益的边际收益递增效应。从产业集群形成与发展的动态过程来看，产业集群产生与演化的根本在于要素随着时间在不同产业和区域之间的转移，将要素的可转移性叫作可流动性。按照要素是否能够流动，将其分成非流动性要素和流动性要素两类。非流动性要素中包括非流动的自然要素和人文要素两个子类；将流动性要素按照流动的难易程度，分为非黏滞性要素和黏滞性要素两个子类。见表 3.1。

表 3.1　　产业集群形成与演化中的要素分类表

按照产业集群不同发展阶段分类			按照流动性分类			
			非流动性要素		流动性要素	
基本要素	核心要素	高端要素	自然要素	人文要素	非黏滞性要素	黏滞性要素
自然资源、基础设施、区位条件、信息服务、资本资源、劳动力资源	产业基础、市场体系、制度环境	根植文化环境（包括传统、企业家精神培育及创新创业文化、价值观、诚信意识等）、技术创新和社会资本	自然资源、区位条件	信息服务、产业基础、基础设施、市场体系、制度环境、根植文化（包括传统、企业家精神培育及创新创业文化、价值观、诚信意识等）、社会资本	信息、资本	劳动力、技术

综合产业集群形成与演化不同阶段中对要素的分类，非流动性要素包括自然资源、基础设施、区位条件、信息服务、产业基础、市场体系、制度环境、根植文化环境（包括传统、企业家精神培育及创新创业文化、价值观、诚信意识等）、社会资本。如图 3.4 所示。

其中，自然资源、区位条件属于自然要素；信息服务、产业基础、基础设施、市场体系、制度环境、根植文化环境（包括传统、企业家精神培育及创新创业文化、价值观、诚信意识等）、社会资本属于人文要素。对于自然要素，人类只能随着科技的发展和经济的进步进行有效的保护、合理的开发和高效的利用。人文要素需要区域政府、企业、消费者、中介服务机构、大学和科研机构等经济参与者不断的建设和完善。流动性要素包括信息、资本资源、劳动力资源、技术创新。需要说明的是，在流动性要素中，哪些属于非黏滞性要素，

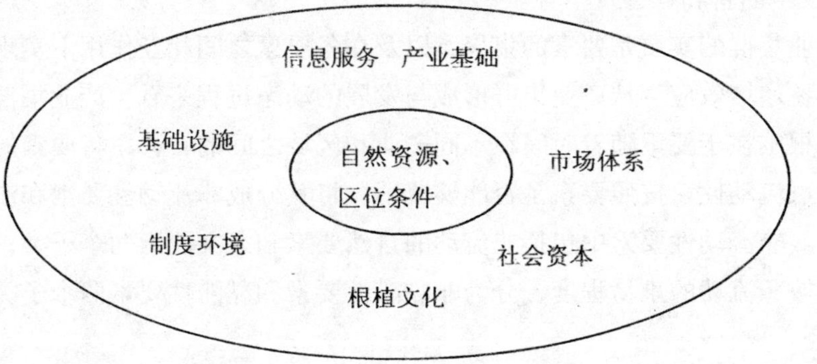

图 3.4　非流动性要素示意图

哪些属于非黏滞性要素，并无定量标准。严格来说，每一种要素的流动都有一定的黏滞性，本书根据其流动的自由程度来进行界定。

3.2.2　要素的流动性

在演化分析框架下，企业作为产业内的微观主体，它们之间相互作用，以及微观主体与环境之间互动，系统涌现出特定的宏观结构，即表现为产业的演化过程[63]。要素总量增减是系统中企业规模和数量变化的微观基础，要素流动是特定产业中要素增减的重要因素。要素流动一方面能够带来产业内部要素种类、数量和结构的变化，另一方面激发了闲置生产要素投入生产活动[73]。在市场机制条件下，要素逐利性使得要素流动在衡量目标地的收益和流动成本后做出选择[74]。“大推进理论”认为要素配置总是存在的最优比例，单一的要素安排难以达到福利最大化状态[75-76]。每一种流动性要素与其他要素之间存在最佳匹配，在达到均衡之前，始终处于流动状态。然而，非流动性要素中自然资源的相对价格在发生变化，经济与人文要素中的信息服务、产业基础、基础设施、市场体系、制度环境、根植文化环境、社会资本等具体要素始终保持动态的变化，因此，流动性要素达到帕累托最优是一种不稳定均衡状态，要素的流动是其存在的常态。研究发现，劳动力、资本和技术的自由流动能够加快要素集聚，从而改变要素投入结构，提高产业的全要素生产率，促进产业演化，实现产业结构高级化和合理化[77-78]。

产业集群的实质是要素的集聚，以及在各要素之间相互作用下，实现收益的边际产量递增的效用。在上述按照产业集群形成和不同发展阶段的条件所分的三类要素中，按照流动性，可以分成非流动性要素和流动性要素两类。非流动性要素又可以分成自然要素和人文要素两个子类；将流动性要素按照流动的难易程度，分为非黏滞性要素和黏滞性要素两个子类。见图 3.5。

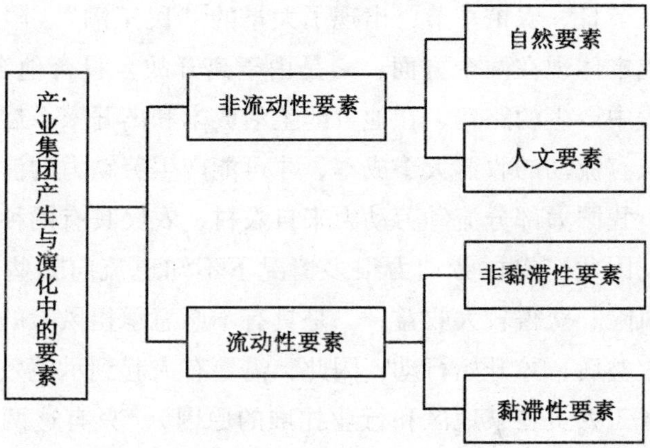

图 3.5　要素的流动性分类

现代企业之间的竞争在某种程度上是信息的竞争，在信息时代，信息的多样性、信息传递的快捷性给企业决策带来了巨大的变革。在一定的时空范围内，一群分工明确的企业是通过信息流动而产生联系的，并且信息流动能够带来能量的转移[79]。信息搜寻成本下降，获得信息准确度提高，信息获得时间周期缩短是企业集聚进而形成产业集群的动力之一。在产业集群形成与演化过程中，信息是流动性最强的要素。

在市场经济条件下，资本的流动追求效益和安全。信贷资金可以随着金融体系内部的同业拆借市场，从收益较低和风险较高的地区向收益较高和风险较低的地区流动，同时民间拆借、股票市场、场外交易等多种融资方式使得资本的流动速度之快仅次于信息的传递，因此，将资本界定为非黏滞性要素。值得提出的是，资本的流动性受专用性影响较大，Williamson 提出的资产专用性理论认为，专用性越高的资产越缺乏流动性[80]。

接下来是劳动力的流动。人力资源，尤其是那些掌握了关键技术或销售渠道的人员的流动，是企业通过技术溢出和学习效应获取创新竞争优势的重要通道[78]。Rice 等研究英国生产率空间差异性的决定因素后发现，一个地区或邻近地区的工作人口每增加 1 倍，该地区生产率增加 3.5%，但是这会随着邻近地区距离的增加而衰减。我国是劳动力资源禀赋相对充裕的国家，劳动力的流动成为必然。Krugman（1991）认为，劳动力区际流动是对工资区际差异的反映[21]。但是劳动力的流动受到较多的限制，限制之一来自我国特有的户籍制度。按照现行制度，劳动力在异地购房、子女读书、医疗和养老保险缴纳等方面，都会受到不同程度的限制，虽然劳动力在异地工作，但家庭仍然在户籍所在地。因此，在节日、农忙季节，出现了大量的“民工潮”。限制之二来自流动成本，流动成本体现在两个方面：一是由于离开故乡投奔他乡的心理成本；二是在流动过程中产生的路费、在他乡的生活成本和离开家乡后家里留守人员成本的增加，只有流动的收益大于成本，才可能产生劳动力的流动。限制之三来自流动风险，我国大部分流动劳动力来自农村，农民具有两种具体情况：一是信息不畅通，因此，农村劳动力很多情况下不知道流向哪些区域或哪些行业，才能规避风险、获得较大收益；二是具有不愿意承担风险的观念，很多是见到别人获得收益后，才开始行动，因此，需要有人起到示范效应（这也是目前村庄中外出务工人员在某地区和行业扎堆的原因）。只有这两个条件都得到满足，才可能出现农村劳动力的流动。综上所述，笔者认为，劳动力的流动自由度要低于资本，属于黏滞性要素。

最后是技术流动，技术的流动一般通过两条途径来实现：一是通过技术市场的技术转让，二是技术能手的流动。技术转让成功需要如下几个条件：其一是产品具有一定的市场需求；其二是具有能够掌握该核心技术的工程技术人员或者技术能手；其三是具有成熟的产业工人队伍。技术要素的流动取决于发明者的输出意愿、接受者的接受意愿和信息交流的通道。技术知识、技术创新从本质上讲，具有“黏性”[17]。在技术能手流动方面，由于技术能手是能够给企业带来巨大利润的稀缺资源，因此是企业争夺的对象，原有企业不会轻易让其流失。从上述分析可以看出，技术流动要求的条件更为苛刻，是流动黏滞性最高的要素。如图 3.6 所示。

随着互联网和通讯手段的不断发展，信息的传递异常迅速。因此，就单条信息来看，其流动速度非常快，信息的流动成本极低。正因为如此，从总体上看，信息出现多样性和复杂化的特点，从这个意义上讲，目前确实进入了信息时代或者说信息爆炸时代。虽然信息的传递成本降低了，由于信息的多样性和复杂化，这大大增加了企业对信息的筛选和甄别成本。企业所需要的是有利于其决策的信息，即行业内原材料供给与产品需求的市场信息、技术信息、要素的供给信息、与行业相关的产业政策信息、与经营相关的区域政策信息等。如果凭借单个企业收集、筛选和甄别，将大大提高企业的信息成本，这些综合性的信息在集群内部获得成本就低得多。单条信息的转移是迅速的，而这些综合信息在区域间的转移几乎是不可能的。因此，综合性信息是黏滞性最高的要素。

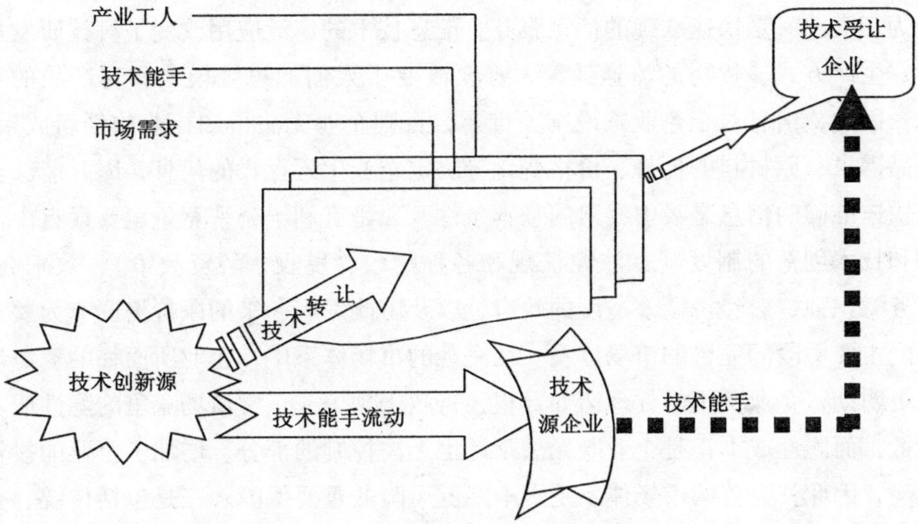

图 3.6　技术流动的黏滞性示意图

3.2.3　要素流动的动力

3.2.3.1　要素流动的原动力——追求利润最大化

要素的流动动力是针对资本、劳动力和技术这三个可流动要素而言的。要素的流动动力来自要素本身追求收益帕累托改进的特性，以及非流动性要素对其的吸引效应。

3.2.3.2　非流动性要素组合的吸引是要素流动的主要动力

可流动要素流动的另一个动力来自非流动要素组合的吸引。在要素的流动中，最先启动的是资本。一方面，资本的黏滞性最小；另一方面，在一个高度缺乏资本的地区，无法形成产业规模，技术和劳动力的投入也就无从谈起，因此，非流动要素吸引下首先是资本的流动。

丰富的自然资源，完善的基础设施，交通便利的区位条件等是吸引要素流进的硬环境。这些硬环境是资本投入的基本条件，但不是资本能够获利的充分条件。资本越来越关注的是区域的软环境，软环境是增大资本获利概率和降低风险的保障，这也是有些地区虽然没有丰富的自然资源和良好的区位条件而能够快速集聚要素，形成产业集群的原因，如我国的温州。

按照产业集群发展阶段从低到高对要素的需求，可以将提供软环境的要素分为三类。一是快速准确的信息服务。信息技术的广泛应用改变了科技研发速度、生产方式、货物的流通速度，甚至改变了人们的思维模式和对产品的需求。因此，信息对于企业来说至关重要，否则企业无法得知行业的创新成果、产品需求、原材料的更替、价格变化等决定企业生死存亡的信息，因此能够获取快速准确的信息是吸引要素的基本条件。二是有利于公平竞争、要素自由流动和技术创新的制度（如法律法规和各种财政、税收、融资政策），效率高、服务意识强、对经济调节适度的政府，以及由此发展起来的以价格调节为要素分配主要手段的完善的市场体系。在完善的市场体系中，企业所面临的竞争环境更明朗，企业负担的处理诸如寻租、行政干预等非正常市场竞争的隐性成本较低，而隐性成本正是企业既无法预计也无法控制的部分，增加了企业的投资风险，因此，完善的市场体系是资本降低风险的重要保障。三是包括传统、企业家精神培育及创新创业文化、价值观、诚信意识等在内的根植文化环境，以及由此建立起来的经济机构间相互交织的社会资本网络。地区内企业家具有相同或相近的社会文化背景和制度环境，以此为基础，人们在日常联系、互动过程中所采取的经济行为都为大家所熟悉的圈内语言、背景知识和交易规则，因而具有可靠性、可预见性。共同的社会文化产生的信任、理解和相互合作，既有效地防止了各种机会主义行为，又促进了知识的流通和扩散（尤其是默会知识）。相互信任和满意成为区域内最有价值的资源。这种深深根植于企业群体的根植文化为产业集群提供了一种“胶”，使众多企业黏结在一起，并增进了企业及中介服务机构之间的交流，形成了不可模仿的社会网络资本。此外，区域内培养企业家精神的文化和鼓励创新的环境使得新企业和新成果不断出现，使产业集群在演化过程中充满活力，因此，根植文化是资本获利的有利条件。

除此之外，对要素的吸引与产业的性质有关，具体来说，产业投资周期、进入和退出的壁垒是要素能否快速投入的关键。例如，大型装备制造业投资周期长，具有较大的进入和退出成本，要素的投入更为谨慎；而轻工业产品和小商品投资周期短，进入和退出成本较低，有利于要素的快速集聚，这也是改革开放后我国在长三角地区和珠三角地区快速形成轻工业产品和小商品产业集群的重要原因。

3.2.3.3 静态单一因素流动的动因分析

（1）资本流动动因分析

在市场经济条件下，资金可以随着多种直接和间接的投融资方式，从收益较低和风险较高的地区向收益较高和风险较低的地区流动。

假定目前企业经营地址为 o，可候选投资点为 i，区域内潜在顾客的需求点集合为 j（$j=1,2,\cdots,n$），模型的目标是企业选址中实现利润最大化。设 a_j 为需求点 j 的购买力，c_o 和 c_i 分别为企业在 o 点和 i 点的单位吸引力成本；f_o 和 f_i 分别为企业在 o 点和 i 点的固定前期投资成本；Φ_o 和 Φ_i 分别为企业在 o 点和 i 点的运行成本；d_{oj} 和 d_{ij} 分别为 o 点和 i 点到 j 的欧氏距离；b_j 为依据吸引力和距离对需求点 j 的总效用；μ_o 和 μ_i 分别为企业在 o 点和 i 点最大吸引力水平。决策变量 Q_o 和 Q_i 分别为企业在 o 点和 i 点吸引力水平。

依据重力规则，当企业在 i 点投资且吸引力为 Q_i 时，需求点 j 的顾客惠顾 i 处的概率为

$$P_{ij}=\frac{Q_i/d_{ij}^2}{Q_o/d_{oj}^2+Q_i/d_{ij}^2+b_j}$$

进而企业投资 i 点的总收益为

$$\sum_{j=1}^{n}a_jp_{ij}=\sum_{j=1}^{n}a_j\frac{Q_i/d_{ij}^2}{Q_o/d_{oj}^2+Q_i/d_{ij}^2+b_j}$$

同理，企业在 o 点的总收益为

$$\sum_{j=1}^{n}a_jp_{oj}=\sum_{j=1}^{n}a_j\frac{Q_o/d_{oj}^2}{Q_o/d_{oj}^2+Q_i/d_{ij}^2+b_j}$$

当企业在 i 点投资可建立以下混合整数非线性规划模型：

$$\max Z=\sum_{j=1}^{n}a_j\frac{Q_i/d_{ij}^2}{Q_o/d_{oj}^2+Q_i/d_{ij}^2+b_j}-f_i-c_iQ_i-\Phi_i \tag{3.1}$$

$$\text{s.t.}\qquad 0\leqslant Q_i\leqslant\mu_i \tag{3.2}$$

目标函数（3.1）表示企业投资 i 点的利润最大化。第一项为总收益；第二项为固定前期投资成本；第三项为企业吸引力水平下的可变吸引成本；第四项为运行成本。约束条件（3.2）表示项目吸引力为正且不能超过上限。

企业在 o 点追加投资可建立以下混合整数非线性规划模型：

$$\max Z'=\sum_{j=1}^{n}a_j\frac{Q_o/d_{oj}^2}{Q_o/d_{oj}^2+Q_i/d_{ij}^2+b_j}-f_o-c_oQ_o-\Phi_o \tag{3.3}$$

$$\text{s.t.}\qquad 0\leqslant Q_o\leqslant\mu_o \tag{3.4}$$

假定企业只有一笔资金选择在 o 地追加投资和 i 地投资，则应选择利润较大者，即转化为 $Z' - Z$ 的符号问题：

$$Z'-Z=\sum_{j=1}^{n} a_j \frac{Q_o/d_{oj}^2}{Q_o/d_{oj}^2+Q_i/d_{ij}^2+b_j}-f_o-c_oQ_o-\Phi_o-$$

$$\sum_{j=1}^{n} a_j \frac{Q_i/d_{ij}^2}{Q_o/d_{oj}^2+Q_i/d_{ij}^2+b_j}+f_i+c_iQ_i+\Phi_i$$

整理后，得

$$Z'-Z=\left(\sum_{j=1}^{n} a_j \frac{Q_o/d_{oj}^2}{Q_o/d_{oj}^2+Q_i/d_{ij}^2+b_j}-\sum_{j=1}^{n} a_j \frac{Q_i/d_{ij}^2}{Q_o/d_{oj}^2+Q_i/d_{ij}^2+b_j}\right)+$$

$$(f_i-f_o)+(c_iQ_i-c_oQ_o)+(\Phi_i-\Phi_o) \tag{3.5}$$

在式（3.5）中，第一项是 o 地和 i 地总收益之差；第二项是 i 地和 o 地固定前期投资成本之差；第三项为 i 地和 o 地吸引力水平下的可变吸引成本之差；第四项为 i 地和 o 地运行成本之差。

假定 i 地在一定程度上形成了产业集聚，由于产品供给的多样性和便捷性吸引了需求市场的集中，因此，与 o 地比较，$Q_i > Q_o$，$d_{ij}^2 < d_{oj}^2$，由此

$$\sum_{j=1}^{n} a_j \frac{Q_o/d_{oj}^2}{Q_o/d_{oj}^2+Q_i/d_{ij}^2+b_j} < \sum_{j=1}^{n} a_j \frac{Q_i/d_{ij}^2}{Q_o/d_{oj}^2+Q_i/d_{ij}^2+b_j}$$

可得，式（3.5）中第一项表示从收益的角度看，有利于要素从 o 地向 i 地流动。

在式（3.5）的第二项中，由于目前企业经营地址为 o，因此，项目在 o 地的固定前期投资成本小于 i 地，即 $f_i - f_o > 0$，不利于要素从 o 地向 i 地流动。即一旦企业已经在一固定地点投资，则在新投资时，首先考虑原经营地，而非重新选址。

在式（3.5）的第三项中，由于 i 地在一定程度上形成了产业集聚，单位吸引力成本 $c_i < c_o$，吸引力水平 $Q_i > Q_o$。随着产业集聚规模的不断扩大，对于集群中的单个厂商而言，c_i 递减，当产业集群规模达到一定程度时；单个厂商 c_i 趋近于零，此时单个厂商的 Q_i 虽然不断增大，但始终为一定值，由此，当产业集聚达到一定规模时，有 $c_iQ_i < c_oQ_o$，有利于要素从 o 地向 i 地流动。

定义（1）：企业运行中，能够用数字确切衡量的成本称为显性成本。显性成本容易受到自然资源、基础设施、区位条件、信息服务、资本资源、劳动力资源、创新资源等的影响。

定义（2）：企业运行中，不能用数字确切衡量的成本称为隐性成本。隐性成本容易受到市场化程度、制度环境、传统、企业家精神、创新创业文化、

价值观、诚信意识、社会网络资本等的影响。

由此，在式（3.5）的第四项中，可以将运行成本分为显性成本和隐性成本两种。在企业决定要素转移与否的决策过程中，显性成本的数据容易获得，隐性成本带来的风险较难评估，因此，隐性成本成为企业决定要素是否转移的重要影响因素。

（2）劳动力流动动因分析

在资源优势、市场优势或者政策优势激励下，在特定区域，容易形成“资本洼地”，资本的集聚给该地区带来了巨大的劳动力需求。第一，增加了劳动力的就业机会；第二，在市场这只“看不见的手”调节下，劳动力工资水平提高；第三，管理人才、技术能手需求增加，更容易得到重用，为人才提供了更多向更高职业梯级发展的机会。Arntz（2010）的研究发现，高技能个体的流动主要由地区间的工资差异和职业梯级提升所导致，低技能个体的流动主要由地区间的工作机会差异所促成[82]。人口数量的增加为消费市场迅速发展提供了条件，在特定地区，容易形成规模经济，使得商家能够为该地区的消费者提供多样化、低价格的产品和服务，从而降低该地区的生活成本，提高便利性，吸引劳动力向该区域集聚。资本和劳动力的集聚为区域公共财政收入提供了来源，于是，由公共财政所主导的各种集体消费品和服务，包括学校、医疗、公共交通、交通基础设施、文化、体育、娱乐设施与服务等供给量增加[83]。这一类集体消费品和服务也可以称为城市舒适物，有助于吸引劳动力流入[84-85]。要素集聚区拥有丰富的基础教育、职业技能教育、高等教育等资源，吸引具有教育培训需求的人口短期流动，经过一段时间的教育培训，接受培训者适应了该区域环境，流动的心理成本降低。在技术人员聚集的地方，技术人员的非正式交流产生技术溢出[86]。教育培训和技术溢出提高了流入人员的工作技能，就业机会和高职业梯级机会增加，使部分受到良好教育和技能培训的人才留在集聚区。

劳动力集聚使企业容易招聘到效率高、能力强、专业化程度高的员工，进一步激励了企业向该地区集聚，企业的集聚进一步刺激了劳动力的流入，因此，企业集聚与劳动力流动之间形成了循环往复、不断加强的效应。

某区域流出人员在就业机会、薪资水平、职业梯级提升、接受良好的教育培训等因素影响下，收入和生活水平得到提高，与原来区域同等水平劳动力相比，获得了良好的流出声望，对原地区劳动力起到示范效应，进一步促进了原地区劳动力流向产业集聚区。

由此，某经济区域企业集聚，就业机会增加，获得更高职业梯级机会增加，市场消费的便利性加强，集体消费的地方舒适度提高，能够获得良好的教育和技能培训，劳动力的流出声望产生示范效应，形成综合流动动力。

随着劳动力在同一区域不断集聚，相互竞争趋于激烈，在激烈的竞争下，劳动力被迫努力提升自身竞争力，或者不得不降低工资预期。与此同时，每个人承担的拥塞成本（迁入地人口太多带来的拥塞将会给人们带来许多生活成本和心理成本[87]）将会提高，比如拥塞会带来高涨的房价、环境污染、治安恶化等。人力资源的流动要考虑生活质量和社会资源质量的保持[88]，集聚效应中的竞争压力加大和拥塞成本提高成为劳动力进一步集聚的阻力。

劳动力流动使其生活成本提高，如交通费用、新环境的安家费用、与周围陌生人的交往费用、流动过程中放弃物品等。此外，劳动力流动还将承担较大的心理成本，如对新环境的紧张感，放弃原来熟人和亲友关系的失落感，离开亲人和家乡的思念等。生活成本的提高和心理成本的增加是阻碍劳动力流动的又一主要因素。

由此，要素集聚区的竞争压力、拥塞成本、流动行为引起的生活成本提高、必须承担的心理成本等，形成了劳动力流动的综合阻力。

当流动的综合动力大于阻力时，流动的收益为正，否则为负。当流动的收益为正时，劳动力开始流动，流动收益越大，流动动力越强，流动速度越快，总量越大。如图3.7所示。

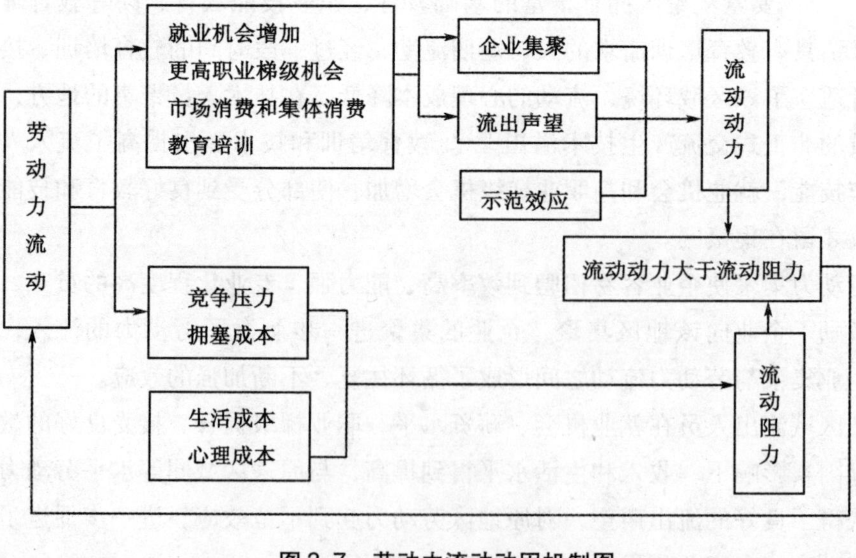

图3.7　劳动力流动动因机制图

（3）技术流动动因分析

技术流动源于自身的价值，具体来说，就是能够为企业带来高效率、低成本、产品差异化，从而使企业在市场上获得竞争优势。下面从供给和需求两个方面对技术的流动进行分析。

从供给方面，技术发明者为了弥补研究过程中投入成本（包括资本、智力、精力、时间等）和前期教育投入，以及体现自身价值的需求，有将技术成果产业化的动力。技术成果的产业化需要企业来完成，主要途径包括：发明者企业内部转化，寻求资本金合作开发，通过技术市场进行交易。前两种途径需要自行培养技术能手和产业工人，从而使技术扩散，后一种途径则直接通过市场产生技术流动。

从需求方面，技术投入能够提高效率、降低成本、开发新型产品，因此，企业无论是采用低成本战略，还是差异化战略均离不开技术投入。企业一方面通过自身的 R & D 投入，另一方面通过市场购买获得技术成果。行业领先者多采用自身 R & D 投入方式来保持自身的技术领先优势；跟随者则多采用吸引技术能手、市场购买技术成果、技术模仿再开发、战略合作开发新产品、吸收技术溢出等方式获得技术流入，从而缩短与领先企业的技术差距。产业集群中企业之间竞争激烈，一方面防止自身技术被对手模仿，另一方面在竞争中试图通过学习和模仿，从竞争对手那里获得技术流入[89]。技术溢出中缄默知识的传递随着距离的增加而递减[86]，因此，企业间的学习与模仿更容易在集群中实现。集群中竞争越激烈、知识产权保护越严密、企业间技术梯度越小，企业通过技术市场获得技术流入的途径越有效。

3.2.3.4　多要素相互作用的综合分析

假定集群中存在综合生产函数，其符合科布－道格拉斯生产技术，可表示为

$$y = Az_1^a z_2^b$$

式中，y——产量；

z_1——劳动要素；

z_2——资本要素；

A——技术和集群内非流动性要素，在短期内，技术和非流动性要素不变，因此，参数 A 为外生变量；

a，b——劳动与资本在生产中贡献的份额，且 $0 < a, b < 1$。

则产量一定条件下成本最小化问题描述为

$$\min_{z_1,z_2} \quad w_1 z_1 + w_2 z_2 \tag{3.6}$$

$$\text{s.t.} \ A z_1^a z_2^b = y \tag{3.7}$$

目标函数中的 w_1 为劳动价格，w_2 为资本价格。

从约束中解得 z_2，再带入目标函数，则该问题等价于

$$\min_{z_1} \quad w_1 z_1 + w_2 A^{-\frac{1}{b}} y^{\frac{1}{b}} z_1^{-\frac{a}{b}} \tag{3.8}$$

一阶条件是 $w_1 - \frac{a}{b} w_2 A^{-\frac{1}{b}} y^{\frac{1}{b}} z_1^{-\frac{a+b}{b}} = 0$，从中可以解出对劳动要素的条件性需求函数为

$$z_1(w_1, w_2, y) = A^{-\frac{1}{a+b}} \left(\frac{a w_2}{b w_1}\right)^{\frac{b}{a+b}} y^{\frac{1}{a+b}} \tag{3.9}$$

在式（3.9）中，a，b，A 为外生变量，y 为定值，因此，主要考察函数值 $z_1(w_1, w_2, y)$ 与变量 $\left(\frac{w_2}{w_1}\right)^{\frac{b}{a+b}}$ 之间的关系，不难看出，函数值 $z_1(w_1, w_2, y)$ 与 $\left(\frac{w_2}{w_1}\right)^{\frac{b}{a+b}}$ 之间存在正相关关系。即在集群形成初期，资本表现出稀缺性，资本的价格 w_2 较高。一方面，表现出对资本强大的吸引力；另一方面，$\left(\frac{w_2}{w_1}\right)^{\frac{b}{a+b}}$ 的增大，使得对劳动 $z_1(w_1, w_2, y)$ 的需求量增大，吸引大量的劳动流入集群。

随着集群规模的扩大，竞争变得激烈，实力雄厚的企业率先加大技术投入力度。假设技术函数为

$$A = \alpha z_1^{\frac{1}{\beta}} z_2^{\beta}$$

其中，$\beta > 1$，α 表示集群中的非流动性要素。

由于非流动性要素长时间内的变化极为缓慢，故假定在一段时间内，α 外生给定。将技术函数带入约束中，问题转化为

$$\min_{z_1,z_2} \quad w_1 z_1 + w_2 z_2$$

$$\text{s.t.} \ \alpha z_1^{\frac{a}{\beta}} z_2^{\beta b} = y \tag{3.10}$$

从约束（3.10）中解得 z_2，再带入目标函数，则该问题等价于

$$\min_{z_1} \quad w_1 z_1 + w_2 \alpha^{-\frac{1}{\beta b}} y^{\frac{1}{\beta b}} z_1^{-\frac{a}{\beta^2 b}}$$

一阶条件为

$$\frac{\partial f}{\partial z_1}=w_1-\frac{aw_2}{\beta^2 b}\alpha^{-\frac{1}{\beta b}}\gamma^{\frac{1}{\beta b}}z_1^{-\frac{a+\beta 2b}{\beta 2b}}$$

令 $\frac{\partial f}{\partial z_1}=0$ ，解得

$$z_1(w_1,w_2,\gamma)=\left(\frac{a}{\beta^2 b}\right)^{\frac{\beta 2b}{a+\beta 2b}}\left(\frac{w_2}{w_1}\right)^{\frac{\beta 2b}{a+\beta 2b}}\left(\frac{\gamma}{\alpha}\right)^{\frac{\beta}{a+\beta 2b}} \tag{3.11}$$

加入技术因素后，劳动力使用数量 $z_1(w_1,w_2,\gamma)$ 与 $\left(\frac{w_2}{w_1}\right)^{\frac{\beta 2b}{a+\beta 2b}}$ 成正向变动。比较式（3.11）和式（3.9），不难看出，当 $\beta>1$ 时，$\left(\frac{w_2}{w_1}\right)^{\frac{\beta 2b}{a+\beta 2b}}>\left(\frac{w_2}{w_1}\right)^{\frac{b}{a+b}}$ ，即当集群发展到一定程度，集群内部劳动力工资上涨，竞争变得激烈，促使企业加大技术投入，技术的投入大大减少了对劳动力的使用。集群内部要素结构变为劳动力所占比重降低、资本和技术所占比重增加，实现了集群升级。

3.2.3.5　动态多因素耦合动因分析

系统内要素之间的相互作用是系统存在的内在依据，同时构成系统演化的根本动力。系统内要素之间的相互作用，从时间来看，就是系统的运动变化，使相互作用中的各要素之间力量总是处于此消彼长的变化之中，从而导致系统整体的变化。

集群中各要素之间的动态耦合系统是复合系统，具有时变的动态演化特征。应用系统演化理论分析各要素的动态耦合过程，其演化方程为

$$\frac{\mathrm{d}(x)}{\mathrm{d}t}=f(x_1,x_2,\cdots,x_n)$$

其中，f 为 x_i 的非线性函数，$i=1,2,\cdots,n$ 。

由于非线性系统的稳定性取决于一次近似系统特征根的性质[90]，演化方程得到近似表达式

$$\frac{\mathrm{d}(x)}{\mathrm{d}t}=\sum_{i=1}^{n}\alpha_i x_i$$

用 K，L，A 分别代表资本、劳动和技术在某一时间点上的水平，则一般函数可以表示为

$$K(t)=\sum_{i=1}^{n}a_i(t)x_i(t)\ ,L(t)=\sum_{i=1}^{n}b_i(t)y_i(t)\ ,A(t)=\sum_{i=1}^{n}c_i(t)z_i(t)$$

式中，x，y，z——集群系统中资本、劳动、技术等流动性要素动态变化的影

响因素；

a，b，c——各自权重。

由于在产业集群系统中，各要素相互作用、相互耦合为复合系统，该复合系统的演化方程可以表述为

$$\phi = \frac{\mathrm{d}K(t)}{\mathrm{d}t} = f_1(K,L,A) \tag{3.12}$$

$$\varpi = \frac{\mathrm{d}L(t)}{\mathrm{d}t} = f_2(K,L,A) \tag{3.13}$$

$$\psi = \frac{\mathrm{d}A(t)}{\mathrm{d}t} = f_3(K,L,A) \tag{3.14}$$

方程中的ϕ，ϖ，ψ分别为资本、劳动和技术受自身和其他要素影响下的演化状态。ϕ，ϖ，ψ之间相互作用，共同反映整体系统的变化。分别用V_ϕ，V_ϖ，V_ψ表示三者的演化速度，则有

$$V_\phi = \frac{\mathrm{d}\phi}{\mathrm{d}t} = \frac{\partial f_1}{\partial K}\cdot\frac{\mathrm{d}K}{\mathrm{d}t} + \frac{\partial f_1}{\partial L}\cdot\frac{\mathrm{d}L}{\mathrm{d}t} + \frac{\partial f_1}{\partial A}\cdot\frac{\mathrm{d}A}{\mathrm{d}t} \tag{3.15}$$

$$V_\varpi = \frac{\mathrm{d}\varpi}{\mathrm{d}t} = \frac{\partial f_2}{\partial K}\cdot\frac{\mathrm{d}K}{\mathrm{d}t} + \frac{\partial f_2}{\partial L}\cdot\frac{\mathrm{d}L}{\mathrm{d}t} + \frac{\partial f_2}{\partial A}\cdot\frac{\mathrm{d}A}{\mathrm{d}t} \tag{3.16}$$

$$V_\psi = \frac{\mathrm{d}\psi}{\mathrm{d}t} = \frac{\partial f_3}{\partial K}\cdot\frac{\mathrm{d}K}{\mathrm{d}t} + \frac{\partial f_3}{\partial L}\cdot\frac{\mathrm{d}L}{\mathrm{d}t} + \frac{\partial f_3}{\partial A}\cdot\frac{\mathrm{d}A}{\mathrm{d}t} \tag{3.17}$$

在集群形成初期，非流动性要素的优势在特定地区明显显现，其典型行业吸引投资者纷纷进入，资本大量流入集群区域，表现为$\phi = \frac{\mathrm{d}K(t)}{\mathrm{d}t} > 0$。考察式（3.15），在$V_\phi = \frac{\partial f_1}{\partial K}\cdot\frac{\mathrm{d}K}{\mathrm{d}t} + \frac{\partial f_1}{\partial L}\cdot\frac{\mathrm{d}L}{\mathrm{d}t} + \frac{\partial f_1}{\partial A}\cdot\frac{\mathrm{d}A}{\mathrm{d}t}$中，显然，有$\frac{\partial f_1}{\partial K}\cdot\frac{\mathrm{d}K}{\mathrm{d}t} > 0$，在资本集聚初期，由于形成产能尚需要一段时间，因此，劳动力需求增量较小，$\frac{\partial f_1}{\partial L}\cdot\frac{\mathrm{d}L}{\mathrm{d}t} \sim 0$，在集群形成初期，集群内部资源较为丰富，竞争不激烈，这个阶段技术创新动力不足，$\frac{\partial f_1}{\partial A}\cdot\frac{\mathrm{d}A}{\mathrm{d}t} \sim 0$。综合以上分析，在集群形成初期，$\phi > 0$，$V_\phi > 0$，即资本有加速流入的趋势。

在集群的快速发展阶段，由于资本的流入对劳动力产生了巨大需求，需求的增加，一方面会引起工资的提高，另一方面为劳动力提供了更多的就业机会，在当地劳动力供给短缺的情况下，外部劳动力将不断流入集群。考察式（3.16），在

$$V_{\varpi}=\frac{\partial f_2}{\partial K}\cdot\frac{\mathrm{d}K}{\mathrm{d}t}+\frac{\partial f_2}{\partial L}\cdot\frac{\mathrm{d}L}{\mathrm{d}t}+\frac{\partial f_2}{\partial A}\cdot\frac{\mathrm{d}A}{\mathrm{d}t}$$

中，显然，有 $\frac{\partial f_2}{\partial L}\cdot\frac{\mathrm{d}L}{\mathrm{d}t}>0$，由于劳动力的流入进一步刺激了资本的流入，表现为 $\frac{\partial f_2}{\partial K}\cdot\frac{\mathrm{d}K}{\mathrm{d}t}>0$，随着资本和劳动力的增加，吸引技术要素流入集群，因此，$\frac{\partial f_2}{\partial A}\cdot\frac{\mathrm{d}A}{\mathrm{d}t}>0$。在集群快速发展阶段 $\varpi>0$，$V_{\varpi}\gg 0$，即资本、劳动和技术相互吸引，进入集聚区，劳动力加速流向集聚区。

在集群升级阶段，随着集群规模的不断扩大，集群内部资源变得相对稀缺，产业价值链的每个环节企业数量增加，竞争变得越来越激烈。考察式(3.17)，在

$$V_{\psi}=\frac{\partial f_3}{\partial K}\cdot\frac{\mathrm{d}K}{\mathrm{d}t}+\frac{\partial f_3}{\partial L}\cdot\frac{\mathrm{d}L}{\mathrm{d}t}+\frac{\partial f_3}{\partial A}\cdot\frac{\mathrm{d}A}{\mathrm{d}t}$$

中，由于随着集群规模的进一步扩大，集群内资源变得更为稀缺，一方面竞争变得更为激烈，另一方面企业运营成本大幅增加，为了降低成本，部分企业将生产环节转移到集群外，表现为 $\frac{\partial f_3}{\partial K}\cdot\frac{\mathrm{d}K}{\mathrm{d}t}<0$，资本的外流使得生产环节总量下降，对劳动力的需求降低，部分劳动力面临失业和工资水平下降的威胁，劳动力纷纷离开集群，因此，$\frac{\partial f_3}{\partial L}\cdot\frac{\mathrm{d}L}{\mathrm{d}t}<0$，部分企业为了在激烈的竞争中突围，寻求差异化战略，在技术创新方面大量投入，$\frac{\partial f_3}{\partial A}\cdot\frac{\mathrm{d}A}{\mathrm{d}t}>0$，研发水平的大幅度提高吸引技术要素的进一步流入。在这个阶段，若 $\frac{\partial f_3}{\partial K}\cdot\frac{\mathrm{d}A}{\mathrm{d}t}>\left|\frac{\partial f_3}{\partial L}\cdot\frac{\mathrm{d}L}{\mathrm{d}t}+\frac{\partial f_3}{\partial A}\cdot\frac{\mathrm{d}K}{\mathrm{d}t}\right|$，则集群成功升级；反之，集群将面临萎缩或消亡。

3.2.4　要素的定向流动机理分析

（1）“要素洼地”促使要素集聚

由于要素不断追求收益帕累托改进的特性，因而流向价格高、收益高和风险低的地区，这些地区被称为“要素洼地”，“要素洼地”使要素具有定向集聚的动力。由于非流动性要素组合的吸引是要素流动的主要因素，一些地区具

有良好的自然要素优势，也有些地区由于制度创新、政策落实彻底，或者获得先试先行的特殊政策，本地的文化传统等获得了人文要素的优势，这些地区在一定程度上都能成为“要素洼地”，吸引要素快速集聚，如我国的深圳。

（2）要素具有自我集聚的特点

规模经济使得边际收益递增，也就是随着要素投入的增加，每单位要素获得的收益是递增的，要素在追求收益帕累托改进特性驱动下，进行自我集聚，从而形成一定的规模，获得规模经济收益。

要素的流动首先需要目标，也就是流向哪些地区或者行业，在考察流动目标过程中，由于需要搜集大量的与收益和风险相关的资料，从而需要付出较大的搜寻成本，同类要素集聚地则成为要素流动目标的首选，因为这些领域具有较多成功或失败的案例，因此，节约大量的搜寻成本。这就是在某一区域或者行业，同类要素越聚越多的主要原因。

3.2.5 要素流动与产业集聚

产业集群的特征是：企业的空间集聚和部门集中；地方经济主体之间有社会文化联系，产生共同的行为准则；物品、服务、信息和人员基于市场和非市场交换的垂直与水平联系；区内有支持众多企业的公共或私营机构网络。

从产业集群的特点来看，产业集群中首先要有企业的空间集聚和部门的集中，没有这个基本条件，其他三个特点无从附着，这些最先集聚的行业相同或相关的一定数量企业便是某一区域内非流动要素对可流动要素吸引的结果（当然，对于不同的产业集群，有不同的非流动要素起主要作用），可见，要素的空间流动是产业集群形成的基础。

产业的空间集聚并不能简单地称为产业集群，除非具备了产业集群的后三个特征。产业集群一旦形成，其集聚效应与要素集聚动力中的人文要素形成了往复循环、相互之间不断强化的关系。

产业集群的集聚效应来自其产业组织形式和竞争优势。产业集群是介于纯市场与科层之间的组织形式，既能获得规模经济的低成本优势，又能灵活地适应市场的快速变化与新技术成果不断推出，满足小批量、个性化的产品需求，并在一定程度上引领需求趋势的发展。这种组织形式本身具备明显的竞争优势。

① 资源共享。一定数量的企业聚集在一起共享当地的公共设施，使公共

设施利用率大大提高，降低了公共设施的单位成本，同时提高了当地政府完善公共设施的积极性。

② 规模经济。行业中大量的企业聚集在一起，形成了较大的生产规模，大规模的生产使得要素之间接近最佳匹配，同时大规模的生产增强了对上下游产品的议价能力。从中间产品和服务角度，大规模的生产能够共享辅助部门提供的专门化的服务，如专业化的工具、维修、运输及具有针对性的专业化培训等。此外，大规模的生产也聚集了一系列的生产性服务部门，如广告、物流、金融、信息服务、咨询、技术服务等。这些使集群中的产品具有成本优势。

③ 专业化分工。亚当·斯密在《国富论》中，阐述了分工对提高生产效率的作用，在产业集群中，专业化分工更为细化，激烈的竞争使企业将要素集中在核心能力方面，使价值链条的每个增值环节的生产更为精细。因此，产业集群中的产品在市场中更具有在品质和价格方面的竞争优势。与此同时，精细化的分工会创造出新的专业工种，对新专业环节的需求将创造出新企业，进而创造新的行业，因此，专业化分工具有企业衍生效应。

④ 节约交易成本。交易成本分为三种：搜寻成本、签约成本和监督履行成本。在产业集群中，众多同行业的企业聚集在一起，各类产品和劳务的价格非常透明，使得搜寻成本和签约成本大大降低。集群中企业之间经常往来，信息透明度较高，加大了违约的风险和成本，从而有效地降低了机会主义行为，大大节约了交易成本。因此，集群中的交易更容易、更频繁，降低了企业的经营成本。

⑤ 市场竞争优势。按照交易对象的类型，将产业集群的市场分为三类。一是专业化的产品、原材料和中间产品市场。二是要素市场。产业集群的大规模生产产生了巨大的原材料和中间产品的需求市场，以及专业化的产品市场，形成了大规模的原材料和产品的集散地，建立了品种繁多和竞争激烈的专业化市场。在要素市场方面，产业集群中众多同行业企业的集聚降低了产业工人摩擦性失业的成本，劳动力市场极为活跃；集群中企业间相互合作的经历和违规成本的增加，使得企业之间加强了相互信任，从而集群中的企业之间资金拆借行为频繁发生，民间资本异常活跃，补充了银行贷款难度大、放款慢的不足；随着产业集群的演化逐步将低成本战略转向差异化战略，激烈的市场竞争使得企业对技术的需求迅速提高，技术市场异常活跃（基于知识产权保护得当条件下），由于集群内科技成果产业化的速度较快，一些大学和科研机构纷纷加入到产业集群中来，进一步强化了技术市场的交易。三是产权市场，集群内同行

业企业距离较近，彼此之间信息容易获得，因此，发生在集群内的并购风险更小，并购之后的企业融合成本较低，由此集群内部兼并重组频率较大，使得产权市场发育更为完善，降低了企业的退出成本。

⑥ 区域创新优势。集群内部集聚了大量的科研部门和技术人才，为技术创新奠定了基础。激烈的市场竞争、挑剔的客户群体，使得集群内企业产生了强烈的创新需求。集群内的企业家精神和鼓励创新创业的文化为技术创新提供了良好的氛围。工程技术人员的非正式交流和技术工人在企业之间的流动，使集群内的技术溢出效应明显，企业之间的技术梯度较小，为新技术的吸收和成果转化提供了条件。因此，集群内部洋溢着创新的“空气”。

⑦ 制度优势。众多企业和行业协会对制度产生诱致性变迁。形成适于产业集群发展的产业政策、融资政策、税收政策、支持创业和中小企业发展的政策、鼓励创新和知识产权保护政策，以及适于市场经济健康发展的法律环境等。

⑧ 社会资本优势。产业集群因地缘、人缘和业缘而形成多样的信息沟通机制与网络，能够促进产业内技术扩散、交流合作、资源共享等机制的生成，有利于吸引、创造富有竞争力的人力资源、新材料、新技术、新设备、新知识、资本等生产要素。

以上诸多优势中的大部分与人文要素相耦合，产业集群越发展，其优势越明显，对产业集群中的人文要素越加强，“要素洼地”效应越明显，要素的不断涌入，使集群不断的发展和演化。在产业集群演化过程中，三个要素比较重要：根植文化、技术创新和信息服务。集群内大家具有相同或相近的社会文化背景和制度环境，各种经济行为深深地根植于大家所熟悉的知识背景、语言环境、潜在规则，给经济行为带来可靠性和可预见性，既有效地防止了各种机会主义行为，又促进了技术溢出。产业集群是一个开放系统，其生命力来自与外界信息的交换（包括市场信息、技术信息和政策信息）和内部创新行为，与外界信息的交换和内部的创新行为能够使集群内部保持一定的技术梯度，从而维持集群的良性演化。

在集群形成初期，资本流入对劳动力产生了巨大需求，在当地劳动力供给短缺的情况下，外部劳动力不断流入集群。由于在集群形成初期，进入企业更多在价值链各个环节上抢占先机，表现为集群内部价值链的纵向发展。随着集群规模的不断扩大，产业价值链的每个环节企业数量增加，竞争变得激烈，企业为了在激烈的竞争中突围，加大技术投入，吸引技术要素流入集群，实现集群的升级。

集群内“裂变效应”、社会网络资源和集群的开放性形成集群演化升级的基础。集群规模不断扩大，集群内部生产要素价格上升，基础设施及自然环境承载能力下降，一些企业不得不将生产环节转移到集群周边地区，而将“公司总部”和研发中心留在集群，从而产生要素集聚的“裂变效应”。

社会网络资源是企业技术和知识扩散传播的产物，对于产业集群演化升级至关重要[91-93]。集群的信息沟通机制和网络促进了产业内技术扩散、交流合作、资源共享，有利于吸引、创造富有竞争力的人才、新材料、新技术、新知识等生产要素[94]，创新要素的增加是产业升级的重要基础。

技术创新是集群能否升级的决定因素。随着产业中同一价值链环节企业数量增多，企业间的竞争变得越来越激烈。此时，若集群内企业通过技术进步研制出新产品，开拓新市场，实现了代际飞跃，则集群内的资源将重新组合，实现升级或重构。相反，大批企业将在竞争压力下不得不退出，相应的，产业也会出现萎缩。如图 3.8 所示。

Peter Knorringa 和 Jorg Meyer Stamer（1998）在对发展中国家产业集群的研究中，借鉴 Markusen（1996）对产业区的分类方法，把产业集群分为以下三类：意大利式产业集群、卫星式产业集群和轮轴式产业集群[95-96]。从集群中的企业结构来看，意大利式产业集群和卫星式产业集群由众多中小企业组成，本书将其合并命名为中小企业群生型产业集群，这类集群按照要素禀赋，可分为传统型中小企业群生集群和科技型中小企业群生集群；卫星式产业集群由核心企业和众多为核心企业配套、服务的中小企业组成，本书将其命名为核心外围型产业集群，这类集群多为传统制造型产业集群。不同类型的产业集群的特点不同，要素流动驱动产业集聚的路径截然不同。

传统型中小企业群生集群主要以技术含量较低，投资规模小，劳动密集型的轻工业产品和小商品产业为主。由于产业技术含量低、投资规模小，因此，进入门槛较低，集群形成初期，在投资收益高风险小的环境下，资本快速进入，随着资本的大量进入，为劳动力提供了大量的就业机会，吸引大量的劳动力涌向集群。产业发展初期，由于资源丰富、竞争压力小，企业首先在纵向价值链上“抢占先机”。随着企业的不断进入，集群逐步进入混乱的低端竞争状态，在这个时期，产品竞争加剧，企业之间展开恶性的价格战，产品质量参差不齐，往往出现以次充好和假冒伪劣的违规行为。在这个阶段，需要进行行业自律和政府监管，否则集群将迅速消亡。在行业自律和政府有效监管下，企业

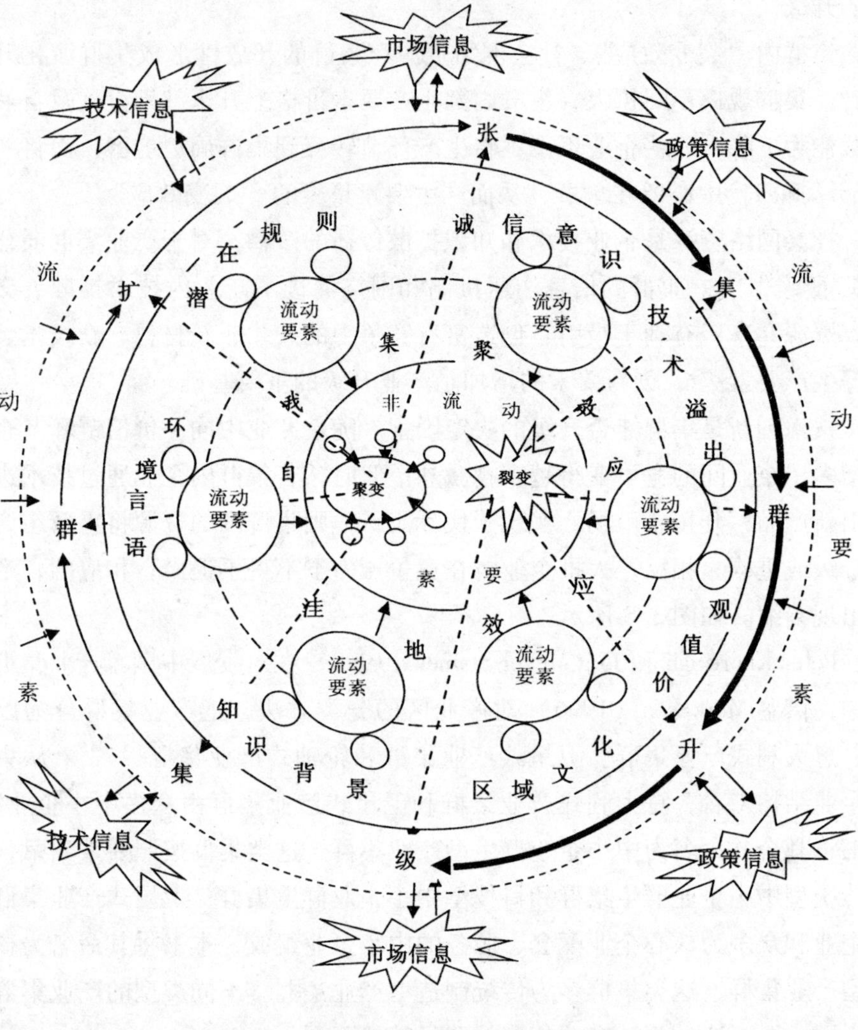

图 3.8　集群演化与产业升级微观机理

之间展开了规范化的市场竞争，分工开始细化，企业在细化的分工环节上，专业化程度得到提高、产品成本下降、多样化程度加强，进一步引导需求量的增加，形成地方性的专业化市场，产品形成地方性品牌。在激烈的竞争中，部分优秀企业在实施差异化战略的过程中，注重技术的投入，吸引技术人才和技术成果流入集群，并形成自身的知名品牌，集群内企业之间产生相互兼并的聚变。由于集群内部生产要素价格上升，交通、通讯、水、电等基础设施及自然环境承载能力下降、生产成本上升，一些企业不得不将生产环节转移到集群周边地区，而将“公司总部”和研发中心留在集群，从而产生集群的“裂变效应”。由此，实现集群的升级。企业如果没有办法通过技术创新改变原有低成本的竞争状态，产业的内部损耗将会进一步加剧，大批企业将在竞争压力下不得不退出，相应的，产业也会出现萎缩[97]。

科技型中小企业群生集群的构成以科技型中小企业和企业孵化器为主。在高等院校和研究机构密集的地区，集聚了很多创新型人才和实验室等技术要素，这些技术要素作为创新源泉，不断推出创新成果，从而提高其他要素生产效率、创造新的市场需求、实现企业的规模效应递增。技术创新使资本边际产出大幅提高，技术创新与资本的结合包括以下几种形式：一是成果拥有者通过自主创业建立高新企业；二是成果拥有者通过技术入股与其他企业进行合作开发；三是通过技术市场出售给其他企业。一方面，高校和科研机构中的创新要素在流动方面具有高度黏性；另一方面，在科技成果的转化吸收和技术更新方面，创新性企业对创新源具有高度的依赖性，科技型企业以靠近创新源作为首选。由此，集群内吸引了大量的资本进入。集群发展初期，资本主要以自有资金、银行贷款和风险投资基金的方式进入，随着集群的发展，部分企业获得中小板和创业板上市机会，加速了资本的流入。随着企业数量的增加和企业规模增大，企业经营人才和科技创新人才进一步流向集群。集群因地缘、人缘和业缘而形成多样的信息沟通机制与网络，能够促进产业内技术扩散、交流合作、资源共享等机制的生成，有利于吸引、创造富有竞争力的人力资源、新材料、新技术、新设备、新知识等生产要素[94]，技术创新和技术扩散使科技型中小企业群生集群充满着创新的活力。科技型企业的生命源泉来自创新能力，为了保持企业的创新性，企业将利润中心和研发中心设在集群中，将制造中心设在周边地区。由此可见，科技型中小企业群生集群的裂变发生在集群形成早期。随着集群演化，集群中的一些企业具备了较为雄厚的创新能力和资本实力，集群内部发生兼并重组，通过集群中的聚变效应，形成大型核心企业和中小企业并存状态，最终形成科技创新型核心外围产业集群。

核心外围型产业集群由核心型大企业和众多与之配套的中小型企业构成，这类产业集群多为制造型产业集群。在计划经济时期，我国借鉴苏联经济综合体的模式进行产业布局，在一些地区，形成了大型和超大型企业，在计划调拨经济体制下，这些大型企业并未与区域内其他企业形成配套关系。市场经济为配套型企业提供了巨大商机，围绕核心型企业，产生了众多中小型配套企业。这些企业中，部分由核心企业技术人员或者管理人员离职或退休后创办，部分由核心企业改革过程中主辅分离环节形成，部分由计划经济时期存在调拨关系的上下游企业设立分公司，部分由市场机遇产生的新创办企业。这些企业从开始创办，就与核心企业产生了紧密的合作和供求关系。随着配套型企业的不断增多，资本与产业工人大量流入产业集群。集群内产品种类增加、专业化程度提高，产生了专业化的市场，形成地方性品牌效应，进一步吸引要素的加速流入。在全球化竞争中，核心企业充分利用自身强大的创新能力，不断推出渐进性创新成果。配套型中小企业为了保持其为核心企业的配套能力，需增加创新要素投入，以跟上核心企业的创新步伐，吸引创新性要素不断流入产业集群。产业集群实现技术升级和产品升级。

3.2.6 产业集聚促进产业演化

按照演化经济学观点，产业演化表现为产业内部经济的变迁和技术变迁。从要素流动观点来看，产业集聚表现为要素在该产业上的空间集聚。产业集聚促进产业演化的机理在于：在要素集聚过程中，在市场竞争作用下，要素之间产生相互作用，从而促进产业的经济和技术变迁。产业经济的变迁表现为产业经济规模的增加和萎缩，技术的变迁则表现为产业的升级与衰退。

（1）集聚综合效应促进产业经济变迁

产业集聚过程中，将产生“要素洼地”效应、“自我集聚”效应和“要素锁定”效应。多种集聚的流动性要素和非流动性要素一起产生“聚变”效应，产业规模增加。第一，“要素洼地”效应吸引要素进一步集聚，促进产业规模增加。一些地区具有良好的自然要素优势，也有些地区由于制度创新，或者获得特殊政策的先试先行，地区的经济与文化传统等获得了经济与人文要素优势，使这些地区中要素收益率高、投资风险小，要素被吸引流入该地区，成为“要素洼地”，促进产业规模增加。第二，要素追求外在经济、规模经济及降低搜索成本，产生“自我集聚”效应，进一步扩大产业规模。要素是产生“自我集聚”效应的原因之一，外在经济和规模经济能够使新增要素获得边际收益递增，为了获得外在经济和规模经济，要素将自发地流向具有一定集聚规模的地区或产业。原因之二是降低搜寻成本，要素的流动首先需要选择产业和空间目标，需要付出较大的搜寻成本，而相同或者相似的要素在集聚地成功的案例起到示范效应，要素集聚地则成为流动目标的首选，这就是在某一区域或者行业，同类要素越聚越多的主要原因。在要素“自我集聚”效应下，产业规模进一步扩大。第三，“要素锁定”效应阻止要素的流出，为产业增长创造条件。集群内大家具有相同或相近的社会文化背景和制度环境，各种经济行为深深地根植于大家所熟悉的知识背景、语言环境、潜在规则，这种虽然没有明文规定，却得到公众内心普遍认同的价值观念浸透到集群的每一个角落，这些大部分属于默会知识，“默契感”给经济行为带来可靠性和可预见性的感觉，在交易中，会产生彼此信任、理解和合作，既有效地防止各种机会主义行为，又促进技术的溢出，这为集群提供一种“胶”，使众多企业黏结在一起，起到对产业集群内要素吸附和锁定的作用。在“要素洼地”效应、“自我集聚”效应、“要素锁定”效应综合作用下，促进产业快速扩张。

（2）经济变迁促进产业技术变迁

随着要素的集聚，产业内部形成外在不经济，外在不经济来源于两个因素：一是在产业链条各个环节上的企业数量增多，企业之间竞争加剧；二是集群内部生产要素价格、土地价格、自然资源价格均呈上升趋势，交通、通讯、水、电等基础设施及自然环境承载能力下降，使得企业运营成本上升。

为了在激烈的竞争中取得优势，一些企业寻求技术上突围，通过与大学和科研机构协同创新、增加自身 R & D 投入、培养和引进创新性人才、技术市场购买专利和通过技术溢出向竞争对手学习等手段实现创新，使自身产品实现升级，从而引领新的需求方向，创造新的需求空间，实现规模效应递增。从微观视角来看，技术扩散多通过企业、人员之间的信息交流等方式实现，技术势差、企业之间的距离和技术扩散通道是影响技术扩散的三个重要因素[98]。研究结果表明，企业之间技术势差越小，扩散条件相对较低，技术扩散比较容易发生[99]；接受技术的企业距离技术扩散源越近，其获得扩散技术的可能性就越大，反之则较小[100]；技术扩散通道中扩散外环境（包括经济体制、政策、法律、社会环境系统等）和扩散内环境（包括经济发展水平、技术结构、市场结构、产业结构、信息流通体系、资源禀赋、企业素质等）畅通有利于技术扩散，反之则阻碍技术扩散[101]。集群内的企业之间技术势差小、距离近，具有畅通的技术扩散通道，因此，更容易产生技术扩散，通过技术扩散获得技术升级，进而获得竞争优势。集群中企业的创新和技术扩散效应能够使企业保持更好的获利能力，促使企业留在集群并吸引部分企业进入集群。产业集群是一个开放系统，系统与外界信息的交换和内部创新行为能够使集群内部保持一定的技术梯度，产业内部结构得以调整和优化[102]。

（3）技术创新决定经济变迁效果

产业集聚的“洼地效应”、“自我集聚”效应及集群中创新和技术扩散效应促进要素流入，产业集聚过程中产生的外部不经济促进要素流出，在综合作用下，产业的经济变迁处于动态过程，而经济变迁的最终效果则由技术创新来决定。

假定产业总体生产函数为经典的柯布－道格拉斯生产函数 $Q = AL^{\alpha}K^{\beta}$。其中，Q 为产业总产出，A 为产业总体技术创新，L 为产业内劳动投入，K 为产业内资本投入量，产出与要素的投入量均随着时间而动态变化。将生产函数对时间 t 求全微分，得

$$\frac{\mathrm{d}Q}{\mathrm{d}t}=L^{\alpha}K^{\beta}\frac{\mathrm{d}A}{\mathrm{d}t}+\alpha AL^{\alpha-1}K^{\beta}\frac{\mathrm{d}L}{\mathrm{d}t}+\beta AL^{\alpha}K^{\beta-1}\frac{\mathrm{d}K}{\mathrm{d}t} \tag{3.18}$$

由于技术创新能够实现规模收益递增效应，因此，当 $\frac{\mathrm{d}A}{\mathrm{d}t}>0$ 时，有 $\alpha+\beta>1$，得出 $\alpha-1>-\beta$，$\beta-1>-\alpha$。结合式（3.18），有

$$\frac{\mathrm{d}Q}{\mathrm{d}t}>L^{\alpha}K^{\beta}\frac{\mathrm{d}A}{\mathrm{d}t}+\alpha AL^{-\beta}K^{\beta}\frac{\mathrm{d}L}{\mathrm{d}t}+\beta AL^{\alpha}K^{-\alpha}\frac{\mathrm{d}K}{\mathrm{d}t}$$

整理后，得

$$\frac{\mathrm{d}Q}{\mathrm{d}t}>L^{\alpha}K^{\beta}\frac{\mathrm{d}A}{\mathrm{d}t}+\alpha A\left(\frac{K}{L}\right)^{\beta}\frac{\mathrm{d}L}{\mathrm{d}t}+\beta A\left(\frac{L}{K}\right)^{\alpha}\frac{\mathrm{d}K}{\mathrm{d}t} \tag{3.19}$$

当 $\frac{\mathrm{d}A}{\mathrm{d}t}>0$ 时，由于规模收益递增，劳动和资本将流入该产业，式（3.19）中的 $\frac{\mathrm{d}L}{\mathrm{d}t}>0$，$\frac{\mathrm{d}K}{\mathrm{d}t}>0$，根据式（3.19），有 $\frac{\mathrm{d}Q}{\mathrm{d}t}>0$，表现为产业规模扩张。

当技术创新停滞时，$\frac{\mathrm{d}A}{\mathrm{d}t}=0$，式（3.19）变为

$$\frac{\mathrm{d}Q}{\mathrm{d}t}=\alpha AL^{\alpha-1}K^{\beta}\frac{\mathrm{d}L}{\mathrm{d}t}+\beta AL^{\alpha}K^{\beta-1}\frac{\mathrm{d}K}{\mathrm{d}t} \tag{3.20}$$

按照经典经济学理论，当技术不变时，随着其他要素增加，最终将进入规模报酬递减阶段。因此，当 $\frac{\mathrm{d}A}{\mathrm{d}t}=0$ 时，最终将有 $\alpha+\beta<1$，此时，$\alpha-1<\beta$，$\beta-1<\alpha$。结合式（3.20），有

$$\frac{\mathrm{d}Q}{\mathrm{d}t}<\alpha A\left(\frac{K}{L}\right)^{\beta}\frac{\mathrm{d}L}{\mathrm{d}t}+\beta A\left(\frac{L}{K}\right)^{\alpha}\frac{\mathrm{d}K}{\mathrm{d}t} \tag{3.21}$$

当经济进入规模报酬递减阶段后，要素增加放缓，最终将停止增加，甚至绝对递减，此时，$\frac{\mathrm{d}L}{\mathrm{d}t}\leqslant 0$，$\frac{\mathrm{d}K}{\mathrm{d}t}\leqslant 0$，结合式（3.21），可得

$$\alpha A\left(\frac{K}{L}\right)^{\beta}\frac{\mathrm{d}L}{\mathrm{d}t}+\beta A\left(\frac{L}{K}\right)^{\alpha}\frac{\mathrm{d}K}{\mathrm{d}t}\leqslant 0 \tag{3.22}$$

由此，$\frac{\mathrm{d}Q}{\mathrm{d}t} < 0$，产业进入萎缩阶段。

综上，当产业集聚进入一定程度后，技术创新将促进产业规模进一步增加，技术创新的停滞将使产业规模进入萎缩阶段。

3.3　我国产业集群形成和演化的机理特征

在我国，产业集群的形成分为两大类：一类是自发形成；另一类是由政府引资和扶持而成，如沈阳铁西区汽车零部件产业集群。在第一大类中，又分为两种情况：第一种情况是由于一个地区具有某种资源，于是，许多投资者为了获得廉价资源，降低成本纷纷而至，如辽宁大石桥的镁制品产业集群；第二种情况是某个地区因为某些机遇已经形成了一类产品的市场，众多厂家为了获得这个较大的市场资源而来该地区投资建厂，从而形成集群效应，如广东顺德的小家电产业集群。

在一个地区具有某种资源的情况下，在产业集群形成初期，企业成为集群中的主导因素，众多企业的投资吸引了较多的客户资源，因而形成了围绕这种资源相关产品的市场，此时政府应该规范这个市场，鼓励形成行业协会，建立诚信、守法、规范的市场环境，为产业集群的发展营造较好的软环境，并积极在资源的深加工方面招商引资，从而通过延长产业链条，引导产业集群升级。

在一个地区，由于某种机遇，已经形成了一定规模的某类产品市场的情况下，由于企业追寻市场资源而来，因此市场需求是产业集群的主导力量。这种情况下的客户已经是较为成熟的客户群体，而且对某些厂商已经形成了一定的忠诚程度，其他厂商的进入需要在成本、质量、功能、品种等方面具有一定的优势，这对产业集群的发展本身既是量的累积又是质的提升，他们的加盟使得客户具有更大的选择空间，有利于客户挑剔性的培养。客户群体挑剔性的增强进一步刺激了产业集群的升级。在这种情况下，政府应该配合产业协会，积极举办产品展示会、产品信息发布会、行业交流会等活动，吸引更多的客户群体，同时为集群内的企业提供展示的机会和接收集群外部行业信息的机会。此外，政府应该发挥创新体系中的组织协调作用，将企业的技术难题、技术需求和科研机构、高校的研究能力相结合，将科研机构和高校的研究方向引向集群的市场需求，从而使得集群更充满活力和竞争能力，促进集群良性发展。

对于由政府引资作用形成的产业集群，政府是集群形成和发展的主导力量，在这种产业集群中，往往在一开始集群中存在几个重要的企业，在产业集群起步阶段，政府应该保持优惠的产业政策，给集群中的企业创造宽松的成长环境，同时继续吸引更多的企业来集群中落户。政府应该对集群加大宣传力度，为集群内的企业吸引更多的客户群体。对于这类产业集群，原地产业基础较弱，也就是在技术工人和科研人员方面比较缺乏，因此，政府应该建立有效的人才市场和制定具有针对性的人才吸引政策，同时鼓励地方高校设立和产业集群密切相关的专业与研究方向，为产业集群的发展提供人力资本的支持。

3.4 本章小结

产业集群的形成从微观层面上体现为可流动性要素的集聚，非流性动要素对可流动性要素具有吸引作用，初始阶段由于非流动性要素中某些要素起到吸引作用，在一定区域产生了企业集聚，集聚效应与非流动性要素中的人文要素相互加强，形成了产业集群。因此，在产业集群形成初期和形成过程中，非流动性要素起到至关重要的作用，特别是要注重人文要素的积累和培养。在产业集群演化过程中，根植性文化对可流动性要素起到吸附和锁定作用，集群系统与外界信息的交换、内部的创新行为维持了产业集群的良性发展。

产业集群是一种开放系统，这个系统具有自组织能力。系统的结构决定系统内部的主要矛盾和系统的演化方向。在产业集群结构中，主要包括：产业关联度较大的企业群体，政府机构，挑剔型的客户群体，代表企业群体的行业协会，由政府、企业、研究机构、高校、行业协会、信息和科技服务公司共同形成的创新体系，以及产业集群形成和发展所需要的基础硬环境和制度软环境。不同类型的产业集群起步阶段的主导力量各有不同，因此，对于不同类型的产业集群应该采取不同的政策措施，来引导产业集群的快速发展和集群的优化升级。

在产业演化过程中，隐性成本是资本流入决策的重要影响因素。在资本注地，就业机会多、工资水平高、进入更高的职业梯级容易、生活具有便利性、拥有良好的教育资源，形成了劳动力的流出声望，进而产生示范效应，进一步增强流动动力。供给方具有将技术成果产业化的动力，需求方具有通过技术投入形成竞争优势的动力，使得技术通过技术市场、合作开发、技术模仿、非正式组织交流、技术能手培养与流动等途径不断扩散。要素在流动过程中，存在动态的相互作用，形成了集群演化的动态机理。

产业演化是一个非均衡变化的动态过程，从微观角度来看，产业的成长和衰退表现为产业内要素存量的增加和减少，产业升级表现为产业内部要素结构的变化。

要素具有逐利性本质，只有某种要素与其他要素达到最佳匹配之后，该要素才能实现收益的帕累托最优，在达到这个均衡之前，始终处于流动状态。而非流动要素和技术创新始终保持动态变化，因此，流动性要素达到帕累托最优是一种不稳定均衡状态，要素的流动是其存在的常态。各要素在流动中形成相互作用的动态耦合，导致产业经济系统的整体变化。值得指出的是，在要素流动中，非流动性要素组合起到至关重要的调节作用。综合性信息服务是吸引要素的基本条件，制度因素和完善的市场体系是要素降低风险的重要保障，社会网络资本是要素获利的有利条件。

产业集群的“要素洼地”效应、“自我集聚”效应和“要素锁定”效应，引发要素的进一步集聚，产业规模增加。集群内“裂变”效应、社会网络资源和集群的开放性形成集群演化升级的基础。技术创新是集群能否升级的决定性因素。

按照集群内企业结构的特点，本书将其分为中小企业群生型产业集群和核心外围型产业集群。按照要素禀赋特点，进一步将中小企业群生型产业集群细分为传统型中小企业群生集群和科技型中小企业群生集群。不同类型的产业集群的特点不同，要素流动驱动产业集聚的路径截然不同。

产业演化表现为产业内部经济变迁和技术变迁，集聚综合效应促进产业经济变迁，经济变迁中竞争效应诱发技术变迁，经济变迁和技术变迁的动态作用决定产业演化趋势，技术创新是产业升级或萎缩的决定性因素。

建议在经济实践中，应遵循以下原则。第一，非流动性要素是要素集聚的必要条件，欲在某空间区域产生产业集群，首先应注重非流动性要素建设，特别是非流动性因素中软因素的建设，以吸引要素集聚。第二，要素集聚是动态耦合过程，应引导要素在动态耦合集聚过程中保持现对均衡性，否则容易引起某种要素收益率快速下降，而停滞集聚甚至流出集群。第三，虽然不同类型的产业集群特点不同，要素流动驱动产业集聚的路径截然不同，但各类产业集群在形成过程中都经历了两个关键时期，即快速成长期和转型期。集群的快速成长期是产业经济变迁的关键阶段，这个阶段市场增长速度快，企业易陷入低端、混乱、恶性竞争状态，欺骗和违规屡屡出现，需要加强行业自律和政府监管，否则集群迅速萎缩甚至消失。集群转型期是产业技术变迁成功与否的关键时期，政府应推动区域创新体系建设，鼓励经济参与者，包括引进先进技术和自主创新在内的各种创新投入，注重协同创新和技术扩散，使集群内弥漫着创新的“空气”，实现集群成功转型升级。

第 4 章　东北地区产业特点及产业集群现状

4.1　东北地区产业形成的特点

4.1.1　东北古代经济的简要回顾

东北地区的人类文明与我国其他地区大体是同步进行的。但历史上由于该地区与关内其他地区交通不便、联系不紧密，其经济文化发展水平较关内其他地区滞后。商周时期，中原地区已经进入奴隶制时代，此时东北地区还处于青铜器的原始社会高级阶段。战国后期，关内地区封建社会开始形成，此时北方的匈奴虽然也从事农业生产，但仍然处于奴隶社会阶段。辽、金、元分别是以契丹、女真、蒙古为主建立的三个王朝，各少数民族注重吸收关内先进的制度和思想文化，陆续进入封建社会。但是由于与汉族封建王朝的冲突及各少数民族之间的冲突不断，社会经济经常遭到毁灭性破坏，传统农耕经济一直没有得到充分发挥。清王朝建立后，对东北实行“封禁”政策长达 200 年，使东北长期处于封闭状态。因此，直到 19 世纪中期，东北地区各民族仍以狩猎和农牧经济为主、手工业水平低下、类型单一。东北矿产资源丰富，但是工矿业发展缓慢，多采用土法开采和冶炼，矿区规模小，技术水平低。

4.1.2　东北地区近代重工业产业雏形基本形成

1840 年，第一次鸦片战争爆发，清政府需要增加财政收入，对东北的“封禁”政策逐渐松弛。1860 年，第二次鸦片战争期间，清政府与英、法两国签订了不平等的《天津条约》，牛庄、营口被迫于 1861 年开港，东北开始进入长达近百年的殖民地历史。在殖民地制度下，东北进入强制性的工业发展阶段，逐渐形成了以资源开采和掠夺为目的的重工业地域雏形。

1863年，清政府开放“豆禁”。1869年，清政府解除了将大豆运往外国的禁令，农产品市场的扩大和输出贸易的繁荣推动了东北的农业产业化过程，以农产品为原料的榨油业、面粉业、酿酒业成为东北的支柱产业。近代科学技术、生产设备和经营手段也迅速传入东北，东北手工业逐渐开始采用新工艺和新设备，传统手工业开始向机器生产过渡。1881年，清政府在吉林设立军火制造厂，建立吉林机器局，标志着东北开始发展以军事工业为主的机械制造业，其规模、设备及经营管理水平当时在全国居于先进水平。1894年，中日甲午战争后，外国资本竞相进入东北，俄国、日本等国家纷纷设厂开矿，一批具有资本主义性质的近代企业发展起来。1903年，随着俄国操纵修建的中东铁路和南满支线全面开通，西方资本主义列强在东北掀起了修筑铁路的热潮。铁路的修建加速了资本主义对东北资源的无耻掠夺，在客观上加速了东北被动地由农业向以工矿业开采为主的重工业的演进。

九一八事变后，东北工业发展始终受到日本帝国主义强制性的控制和影响，具有明显的殖民地工业特征。日本帝国主义为了加快对东北的掠夺，通过武力强行在东北大规模修筑铁路，1931—1945年，共修筑铁路4843千米。1943年，东北地区的铁路线网络每平方千米线路里程是中原地区的5倍，纵横交错的东北铁路网的基本骨架初步形成[62]。日本帝国主义通过“满铁”控制和垄断东北铁路的投资与经营，由于“满铁”在东北获取了高额利润，日本开始对东北投资，建立铁路矿山机械制造、电力电气、瓦斯焦炭、制钢炼铁等与原材料和军事工业相关的重工业与化学工业体系。据统计，1931—1943年，东北工业产值占工农业总产值的比重由26.9%增长为59.3%。

综上，东北地区地域辽阔、物产丰富，与中原和东部沿海地区相比，东北地区没有经历过长期的封建社会，农业经济、商品经济不发达，以能工巧匠为主的近代手工作坊发育不完善，商业文化匮乏，由此形成东北人商业经营能力差、商业信用低、缺乏创业勇气和创新精神。东北的工业化是在殖民统治的强制性军事管制下发展而成的，城市直接跃进现代工业文明，集中了大量以原材料开采业、初级加工业和军事工业为主的大型企业。相反，农村却极度贫穷落后，与城市的发展形成了极大的反差。

4.1.3　新中国成立后东北产业的发展

（1）计划经济的确立形成了东北产业结构

新中国成立后，我国政府选择了计划经济体制和优先发展重工业的赶超战略，这对东北老工业基地目前产业结构及产业特点的形成起到了至关重要的作用。对于我国计划经济的选择，理论界有着不同的见解。本书在参考前人研究成果的基础上，认为新中国成立初期我国实行计划经济主要基于以下原因。

第一，制度的选择。我国确定了社会主义的政治制度，在从新民主主义向社会主义过渡的过程中，以政府为主导，采用行政手段，将私有制经济采用多种方式转变为公有制。成功过渡之后，延续了政府对经济的主导作用，计划经济得以采用。

第二，早期经济学理论的应用。新中国成立后，“苏联专家”以斯大林的政治经济学对中国经济学教育进行了全面改造，成为唯一通行的经济学理论。仿效苏联模式，废除了市场制度，建立了以高度集中的行政协调为特征的计划经济，在很长时期，被认为是社会主义的天经地义[103]。

第三，国际政治、经济环境的制约。朝鲜战争爆发以后，在卷入朝鲜战争的同时，大陆又处于与台湾国民党政权的军事对峙状态。这种政治、军事态势要求新生的中华人民共和国迅速提高国防实力和整个国民经济的战争动员能力。此外，以美国为代表的西方资本主义国家对中国实行了政治上孤立、经济上封锁和制裁的措施，切断了正常的国际经济交往和贸易。这种国际政治、经济、军事格局，使中国迫切需要迅速建立比较完备、自成体系的工业结构，而重工业则是其中的关键[104]。

第四，赶超战略的需要。承受过 100 年殖民地、半殖民地屈辱，中国领导人和人民普遍怀有赶超西方发达国家的强烈愿望，认为仿效苏联模式，依靠已经取得的国家权利，充分动员和集中使用人力、物力、财力，中国将能够在很短的时间内实现现代化[103]。

第五，工业化积累方式的约束。一方面，新中国成立初期，人民生活水平很低，可支配收入很少，如果以轻工业或消费品工业为优先发展部门，会遇到市场狭小、需求不足，从而无法取得工业化所必需的资本积累的问题。另一方面，发展重工业可以克服有效需求不足这一条件的约束，但是重工业由资本高度密集特点衍生出三个基本特性：第一，建设周期长；第二，在发展早期，大部分设备需要从国外引进；第三，初始投资规模巨大。而当时的中国经济发展水平很低：第一，资金十分短缺，资金的价格或利率高昂；第二，可供出口的产品少、外汇短缺，由市场决定的汇率水平高；第三，经济剩余少，资金动员能力弱。为了把短缺的资源配置到战略目标所青睐的重工业部门，就要有一种不同于市场机制的资源配置制度——计划经济体制[104]。

新中国成立后，在计划经济体制下，东北重工业基地于1950年第一个五年计划开始进行大规模建设，到第二个五年计划末期，即1960年基本建成。在苏联援建的156个国家重点建设项目中，有57项布局在东北[105]。57项重点项目主要包括重型加工工业、能源工业和原材料工业。除了苏联援建的57项重大项目外，中央各部委和省区也安排了一批重大工程建设项目，主要围绕东北地区能源开发和原材料工业的发展。东北重工业基地是在计划经济体制基础上，采用地域生产综合体的模式①，依托自然资源，由国家自上而下投资建设的。如哈尔滨的“动力区”先后建起了电机厂、锅炉厂、汽轮机厂、亚麻纺织厂、量具刃具厂等一大批国家重点企业，是既包括大型企业，也包括科研院所、大中专院校等相关机构的产业集聚区。东北地区依靠丰富的矿产资源，创立了众多的采矿企业，其产品经过选矿厂和冶炼厂被提炼成工业用金属材料，然后或者经由铁合金厂制成耐高温、高压、高热的特殊金属材料——合金，用于飞机、汽车、船舶等产业；或者经由钢铁厂制成型材，经由机械制造厂制成大型的成套设备，包括矿山设备、冶金设备、机械制造设备等，而这些设备又被投入到矿山开采、冶炼、机械制造过程中。以石油开采业为核心，建成了石油加工业、石油化学工业、燃料业、电力业、输油管道建设业等一系列企业。长春第一汽车制造厂虽然没有依托自然资源，只是根据长春的中心城市区位而建成的，但本质上采用的也是地域生产综合体的模式，以长春第一汽车制造厂为核心，包括自备发电厂、铸造厂、成型厂、发动机厂、机械加工厂、总装厂、车身厂、随车工具厂、汽车改装厂、轴承厂、喷漆厂等配套协作企

---

① 地域生产综合体理论是前苏联学者在总结其国内实践经验基础上提出来的，是典型的计划经济的产物，其代表人物为涅克拉索夫。该理论认为，地域生产综合体是在某一地区或国界内，一个或几个专门化部门的高度结合，并基本上共同利用生产性和非生产性基础设施。它大致由核心企业（体现地域生产综合体发展方向的专门化部门中的大型联合企业）、关联企业（与专门化企业有前后向联系的企业）、依附企业（利用专门化企业的废料进行生产的企业）、生产性和非生产性基础设施构成。地域生产综合体是前苏联为发挥其各地自然资源优势、降低生产成本、增加总供给而采取的一种发展战略，其最大特点在于强调它能比企业单独布点带来更大的集聚经济效果，以及企业在生产的相互补充可以获得垂直一体化利润。

业，长春第一汽车制造厂区内还建有学校、医院、邮电通信等服务部门。经过“一五”和“二五”时期的大规模建设，东北形成了以钢铁、机械、石油、化工、建材、煤炭、有色金属、电力、飞机、船舶、武器装备等重型工业和国防军事工业为主体的基础设施比较完善的工业基地。

（2）改革开放后东北衰退和振兴东北的提出

中国的经济改革大多不是在全国范围内同时推开的，每项改革措施都从较小范围内的试验开始，在取得成果并进行总结的基础上，加以局部推广，由点及面，不断地总结和观察，进而扩大其实行范围。所以，这种方式也意味着中国改革的局部性特征[104]。20 世纪 80 年代中后期以后，沿海地区优先发展战略的实施给予了东部地区诸多特殊政策，使得改革和发展的重心都集中到东部。东北则在这种区域发展不平衡中开始渐次远离它在历史上的经济地位，到 20 世纪 90 年代，东北已经陷入相对衰退的困境。

东北改革的滞后，在某种程度上继续强化了计划经济体制。东北地区国有经济所占比重较大，计划经济色彩较重。增量改革的战略导致国有部门改革滞后，使国有经济在很大程度上仍然保留着计划经济时期形成的企业制度，效率没有多少提高，生产增长仍然主要依靠大量的资源投入，特别是投资支撑；同时，国有企业的改革没有建立有效的产权约束和激励机制，使国有企业财务的预算软约束进一步软化，国有企业的财务状况日益恶化。改革前，东北赋税高于全国平均水平，产品按照计划定价，支援全国建设。改革后，其赋税不仅没有享受到东部沿海地区的优惠政策，相反远远高于东部沿海地区。东北是执行国家指令性计划范围最广、数量最大、时间最长的地区，即使在 20 世纪 80 年代后相当长的时期，每年平价调出的工业品仍达 1000 多种[106]。1980 年，经济增长速度已经居于全国最低水平，这与东北改革滞后不无关系。到 2000 年，东北经济增长速度更加缓慢，工业总产值的增长速度只有全国工业总产值增长速度的 40%，GDP 增长速度只有全国平均速度的 55%，二者均跌至全国最低。东北在全国经济中的份额比例也迅速下降，由 1960 年的 23.0% 到 1980 年的 16.2%，直至 2000 年的 9.8%，降幅接近 60%。东北发展速度相对较慢，三个省的工业总产值加在一起只相当于广东的 60%。这引起了党中央和国务院的高度重视，2003 年提出了振兴东北的若干政策措施、指导方针、目标原则等，并成立了国务院振兴东北办公室。随着东北振兴政策的不断实施，东北经济得到了较好的发展，2004—2008 年，东北地区人均 GDP 增长了 91.51%，高于同期的长三角地区（78.46%）和全国平均水平（84.08%）。从 GDP 总量的增长速度来看，2004—2008年年均增长速度为16.87%，仍然高于同期全国的平均水平（10.25%）和长三角地区（13.47%）。在东北地区三次产业结构方面，2008年东北地区三次产业呈现二三一的产业结构，第一、二、三产业占GDP的比重分别为第一产业占总量的11.7%，第二产业占总量的53%，第三产业占总量的35.3%。2014年以来，在新一轮产业转型升级与供给侧改革的宏观经济背景下，东北经济进入了又一轮下降的深谷，2014—2015年度东北经济增长速度明显低于全国经济增长的平均水平，在全国处于垫底的位置，东北大型国有企业所占比重较大、处于产能过剩状态下的传统重工业占GDP比重大，高端服务业、新兴战略性产业发展滞后。在吸引投资乏力的状态下，大型企业转型滞后、民营企业数量少而且规模小，大型企业与中小型企业之间的业务联系不紧密，产业拉动性不强，虽然几个大型企业处于同一区域，却难以形成集群效应。在以第二产业为主导的东北地区，第二产业陷入困境的状况下，高端服务业尚未发展起来，产业结构恶化，整体经济下滑，2016年以来，国家与东北地区均在分析原因，从而展开了新一轮的东北振兴。

4.2 东北地区产业集群现状

东北按照地域生产综合体的产业布局具有非均衡性，使得东北产业特点形成了以大企业为核心的一些企业在地域上的集中，为集群的发展提供了可能性，在市场经济条件下，有些已经具备了产业集群的雏形。

长春的一汽集团是全国汽车业的“龙头企业”。以一汽集团为核心，建立了长春汽车产业园，园区新建续建项目达106个。大众T99、富奥工业园、模具工业园等30个项目竣工投产。轿车研发中心、大众MQ200变速箱等一大批项目开工建设。园区和服务平台建设取得新进展。日系工业园、大众动力总成园、汽车电子园建设初具规模。新能源及汽车电子园全面启动。研发中心电动汽车电机、电控技术取得较大突破，研制装配了3台电动车样车，新上一条电机生产线。

① 以石化工业为核心的潜在集群。黑龙江省是我国最大的原油生产基地，原油年产约为5000万吨，占全国的1/3。以大庆为核心的黑龙江石化产业已具规模。吉林省精细化工优势明显。其中，吉林化工集团利用吉林基本化工原料资源优势，进行产品深加工和产品开发，在东北三省精细化工品率达到最

高。辽宁省石化工业体系也较完备，石油加工能力较强。辽阳化纤、盘锦精细化工、丹东化纤在全国闻名。

② 以农副产品加工为核心的潜在集群。东北具有发展农副产品加工业的天然优势。吉林省食品工业总产值仅次于汽车和化工，初步形成了以粮食深加工、禽畜屠宰及深加工、饮料酒及酒精制造业为主导的食品工业格局。黑龙江食品工业增加值占全省工业增加值的 7% 左右。

③ 以医药业为核心的潜在集群。在医药领域，东北医药资源丰富，具有较强的科技实力和良好的产业基础，已经形成了一些知名品牌和知名企业，如哈医药集团、吉林修正药业集团、东北制药集团等。吉林省通化市聚集了 200 多家制药厂，初步形成了以"修正""东宝""金马""万通""华夏""振国""紫鑫""茂祥"等为代表的一批龙头骨干企业。医药企业中产值超亿元的有 19 户、利润超千万元的企业有 9 户，医药产业在全省乃至全国的优势地位已经形成。

④ 辽宁省海城市西柳镇是东北唯一的服装业集群。西柳形成了以纺织、印染和服装加工为主导的 1000 多家制造企业，在这个国际化的大市场中，有来自国内 20 多个省区及俄罗斯、韩国、朝鲜、日本、南非等国家的客户群，日流动人口为 10 万人，日交易额达 5000 多万元，交易额一直位居全国各大专业批发市场前列。

⑤ 大连的旅顺和金州等地都已建起为船舶生产配套的工业园区，零部件本地配套率已接近 70%，大连市发展船舶制造产业群的基础已经具备。

⑥ 大连高新区软件和信息技术服务产业集群，以云计算、大数据、移动互联网、物联网技术开发为重点，软件和信息服务业企业有 2000 余家，产业集聚效应明显，产业链条基本形成，成为国内首个千亿元软件产业集群。

⑦ 大石桥镁产品及深加工产业集群。镁产品及深加工企业为 651 户，形成了集勘探、开采、选冶、加工、销售为一体的产业体系，耐材产品国内市场占有率达到 60%。创建国家级高新技术企业 13 家，建立镁质材料企业科研机构 36 家。其中，省级工程技术研究中心为 9 家，公共技术创新服务平台为 6 个，被工业和信息化部评为"国家新型工业化示范基地"。

⑧ 辽阳佟二堡皮革皮草产业集群。有 6500 户从事皮革、裘皮服装的生产加工，有 2000 户从事皮装、裘皮服装的销售。在皮革工业园区内，年设计皮装产量在 5 万件以上的现代化皮装生产企业已达 20 多家，裘皮生产企业为 10 家，年生产各类皮装、裘皮服装超过 500 万件，现已成为全国三大皮装生产基

地之一。产品不仅销往全国各地，而且远销到美国、俄罗斯、塔吉克斯坦、哈萨克斯坦、丹麦、韩国等国家，以及我国的港、澳、台地区，已经成为国内重要的皮装集散地。

⑨ 铁岭西丰医药保健品产业集群。拥有鹿场1866家，年产成品鹿茸80余吨，包括南京同仁堂、赫恒生物技术、金丹药业、美麟、鹿宝堂药业、宏宇生物科技等企业在内，集群内生产加工型企业已经达到95户，各类经销及加工户为360家，年加工、经销成品鹿茸及鹿副产品1000余吨，占全国的80%、世界的50%，已经成为国内最大的鹿产品集散地和世界鹿产品加工贸易中心。建立了中国科学院西丰县生命健康产业院士工作站、辽宁省参茸生物工程技术研发中心，通过校企合作，与北京同仁堂、辽宁大学生命科学院、沈阳中医药大学共同研发了鹿角补钙粉、鹿胶原泰、鹿茸液、灵芝液等鹿系列保健品，鹿茸液、灵芝液产品。山东东阿阿胶集团、贵州茅台集团、中丝集团、辽宁辉山乳业集团、新西兰PROVELCO集团等71家国内外知名企业入驻，拥有国药准字号品种89个，形成了产、加、销一条龙，贸、工、农一体化的良好发展格局。

但这些产业集群仍处在形成期或者形成后的初期，存在诸多缺陷。第一，东北老工业基地产业集群的规模过小，产业链条较短，还未形成区域产业集群的竞争优势。第二，东北老工业基地产业集群本身结构不合理。第二产业发展较快，第三产业落后，导致与第二产业发展相适应的交通运输、物资供应、金融保险等产业比较薄弱，致使产业价值链脱节。第三，企业分散，聚而不集。东北地区的企业基本上是“聚而不集”，相互之间没有产业上的紧密联系，缺少就近配套企业。而且多数企业初级产品多、深加工产品少，高附加值、高技术含量的产品所占比重偏低，质量难以保证，“大而全”“小而全”普遍存在，企业之间的专业化协作水平低，产业之间的关联性不强，而且每个产业链条上都存在薄弱环节，上下游一体化程度差。第四，集群内部技术水平落后，自主创新能力差。从整体来看，东北老工业基地的产业技术水平比国际先进水平落后20~30年以上，大多数国有企业技术开发能力相当薄弱，缺乏自主创新能力，很少能形成自己的核心技术。

如上所述，东北产业布局采用的主要是地域生产综合体模式。在社会主义计划经济时期，东北为国家的经济建设作出了巨大的贡献，但是在社会主义市场经济时期，却陷入衰退的恶性循环，有着截然不同的表现。东部地区的经济发展之快无不依赖于产业集群的快速发展，那么就有一系列的问题等待回答。

第一个问题是：东北地区具有丰富的自然资源和良好的产业基础，为什么东北地区产业集群形成较晚？是哪些因素影响了东北产业集群的形成和发展？第二个问题是：东部地区的产业集群多为中小企业形成的轻工业产业集群，那么对于东北地区以大型国有企业为主导的经济结构，是否适合于产业集群的形成？第三个问题是：计划经济地域生产综合体的产业布局对产业集群的作用是正面的还是负面的？什么样的路径适合于东北地区产业集群的形成和发展？本书将从上述问题切入，试图探索东北现有产业集群成功或失败的原因，寻找东北产业集群的独有特征和发展方向。

4.3　本章小结

东北地区工业开始于殖民统治时期，新中国成立以后，为了快速形成工业体系，国家在东北地区投入了大量的资金，形成了以大型国有企业为主体、以原材料开采及炼化和以重工业为主导的区域经济体系。改革开放后，由于制度转型的滞后和资本投入不足，东北经济一度陷入低速增长的困境，为了振兴东北经济，国家提出了振兴东北老工业基地的战略目标，随着一系列振兴政策的实施，东北地区经济又重新了焕发生机，步入了快速发展的轨道，产业结构也趋于合理化。近年来，由于东北地区体制改革的深层次问题并未解决，在经济转型滞后效应的影响下，东北进入了新一轮的增长乏力阶段。一些产业集群的雏形在东北地区形成，如汽车产业集群、石化产业集群和精细化工产业集群、农产品加工产业集群、医药业产业集群、造船及零部件产业集群、服装产业集群等。但是东北产业集群仍处于集群形成和发展的初期，对东北地区产业集群的形成和发展规律进行探索，有利于运用产业集群这一优秀的产业组织形成，进一步促进东北地区的经济全面振兴。

第5章　东北地区产业集群的演化特征

5.1　东北地区产业集群演化的环境结构特征

① 宏观经济环境。2012年以来，国内经济发展态势总体向好，但受欧债危机和美国就业危机的影响，出口不畅，国家实施的经济发展方式转型战略使得国内经济从粗放型经济向集约化经济转型过程中，经济增长速度适度放缓，受中日钓鱼岛事件的影响，中日贸易严重受损，冲击了东北亚经济的发展。东北地区与欧美国际贸易额度不大。此外，从产品类型来看，国内出口欧美的主要产品并非重工业产品，因此，欧债危机和美国就业危机对东北地区产业集群的影响不大。东北地处东北亚地区，历来与俄罗斯、日本、韩国的贸易往来密切，东北亚地区的紧张局势将在很大程度上影响该地区的经济往来和合作，这对东北地区产业集群的发展造成了不利影响。东北地区近年来设备更新率较低，投资总体水平不高，大多数工业企业处于粗放型经营状态。在国家经济发展方式转型的大背景下，东北的目标是打造成先进装备制造业基地，这意味着东北地区装备制造业需要较大程度的设备更新改造、技术引进和自主创新。鉴于东北地区正处于产业集群的形成时期或者集群形成的初期，这将在短时期不利于东北地区产业集群的形成和进一步发展。首先，主导产业生产方式的转型势必放缓增长速度，将抑制集群规模的成长速度；其次，核心企业的技术更新必将在上下游企业引起连锁反应，在资本相对缺乏的东北地区，这需要一个过程；再次，按照产业集群发展规律，集群的升级是在产业集群发展到一定的规模，随着集群内部竞争激烈化程度加剧，企业纷纷追求产品的差异化战略而产生的，并非在集群的形成阶段和形成初期产生的。但从长远来看，产业总体技术水平的提高将有利于产业集群的良性发展。

② 区域环境。东北地区经济长期采掘资源优势已经变得不再明显，但与经济发达地区相比，在能源和原材料方面，仍然具有较大的优势，这些资源优势是东北地区产业集群形成的先天有利条件。振兴东北以后，国家在土地、财

税、金融、项目等方面给予了东北地区很大的政策支持，东北各个省、市依照国家政策，也制定了各自的发展规划和经济发展措施，所有这些政策都有利于吸引要素的集聚，进而形成产业集群。东北地区城镇化程度较高，因此，交通、通讯、邮电、网络、电力等基础设施居于全国前列，这些良好的基础设施是吸引企业进驻的必要条件，有利于产业集群的形成与发展。东北地区具有良好的区位条件，该地区既沿海又沿边，以大连港、丹东港、营口港、锦州港和葫芦岛港为代表的辽宁东部沿海是东北地区的出海口，图们、延吉、珲春、绥芬河、抚远、黑河、漠河等是东北地区著名的内陆口岸，东北地区交通网络除朝关外方向外，向各口岸城市呈放射状分布。东北地区的石油、天然气输出管道是东北地区石油化工产业集群形成的重要基础条件。东北地区注重航空港的建设，除了沈阳、大连、长春、哈尔滨等主线机场外，不断建设支线机场，成为东北地区快捷运输的重要支撑，将为快捷运输业、信息服务业、高科技行业的集聚提供条件。

③ 产业环境。东北地区的主导产业为农副食品加工业、石油加工、炼焦及核燃料加工业、黑色金属冶炼及延压加工业、专用设备制造业。医药制造业、通用设备制造业、交通运输设备制造业属于东北地区的优势产业。“十二五”期间，东北地区的发展偏重于新型装备制造、农产品加工、生物制药、信息技术和新能源汽车行业。在这些产业中，农产品加工行业、医药制造业、信息技术、汽车配件、装备制造零配件等行业适合于大型企业和中小型企业共同发展，其他行业由于投资门槛高、需要较大的规模效应，因此，大型企业所占比重较大。东北地区出现了一些以大型国有企业为核心，众多上下游中小型企业集聚的轮轴式产业集群，如长春的汽车及零配件产业集群、瓦房店的轴承产业集群、大连的造船产业集群等。但从总体上看，东北地区大型企业所占比重较大，中小型企业所占比重较小，有些地方的某行业有几个大型企业聚在一起，不能称其为产业集群，有些地方虽然企业集聚较多，但企业之间的业务往来较少，出现典型的集而不群现象。由于长期以来投资不足，技术引进和设备更新欠账，技术水平受到限制，东北地区大型国有企业所占比重较大。研究结果显示：创新活力按照不同的所有制形式，从大到小，依次为民营企业、股份制企业、外资及合资企业、国有企业，东北地区过大的国有企业比重制约了整体技术创新的积极性。东北地区企业之间的业务联系较少，企业之间的联合创新几乎做不到，目前，政府非常重视企业与研究机构的合作创新，即产学研合作创新，在政府推动下，一些企业的创新需求进入高校和科研院所，必将改善

东北地区企业的创新能力。东北地区优势产业新产品开发力度不够，究其原因，是由于企业在成果转化方面的投入不足，致使东北地区的很多专利通过技术市场流到其他地区。产业创新需要产业链条整体创新，首先核心技术完成创新，上下游产业为了给新的技术配套，纷纷加大研发力度，一系列的新技术通过产业链条实现整体创新，但是在东北地区，由于核心企业的技术创新能力不足，无法拉动产业链条的整体创新。东北地区主要产业在创新能力不足的情况下，容易形成产品没有特色，只能努力地降低成本，以价格取胜的竞争模式，这种模式将带来产业集群的巨大风险。东北地区的产业布局受计划经济时期的影响，出现了“一市一产业”的格局，地方政府为了刺激本地主导产业的发展，纷纷出台发展主导产业的产业政策，诸如瓦房店市先后出台了鼓励轴承行业技术创新的政策、刺激轴承企业落户的土地政策、融资政策、税收政策等。东北地区是第二产业发展较早的地区，第二产业所占比重较大，产业工人存量较大，产业工人掌握较好的加工技术、拥有较高的素质，在人力资本方面，为产业集群的形成奠定了良好的基础。国内外产业转移趋势给东北地区产业集群的形成带来了良好的机遇，发达国家将研发中心和利润中心留在国内，为了减轻国内的资源和环境压力，以及突破国际贸易壁垒，纷纷将制造业向国外转移，同时我国南方经济发展较快的地区环境承载能力受到挑战，要素价格飙升，加工成本不断加大，在转变经济发展方式的政策压力下，以及追求较低成本的动力下，产业纷纷向其他地区转移，东北地区在制造业承接产业转移方面具有先天优势，这给东北地区制造业产业集群的形成与发展带来了难得的机遇。目前，东北地区在许多地方形成了产品集散地，如长春的汽车零配件、吉林通化的医药、辽宁大石桥的镁制品、辽宁瓦房店的轴承制品等，这些产品集散地的形成既是产业集群形成的标志，也为其他地方和其他产业集群的形成树立了可资参考的模式。

5.2 东北地区产业集群演化的基本条件要素特征

东北地区产业集群演化的基本条件主要体现在该地区的自然资源、基础设施、信息服务、资本资源、人力资本的变化趋势对产业集群演化的影响。

5.2.1　东北地区的自然资源和基础设施

新中国成立以后，东北地区作为能源和原材料基地，为我国经济建设输出了大量的资源，经过长时间的采掘，东北地区资源存量大幅下降，原来依靠石油、森工、煤炭、钢铁等资源建成的城市，目前很多已经变成了资源枯竭城市，如阜新、盘锦、伊春、辽源、白山、抚顺等，东北地区自然资源丰富的优势已逐渐失去。自然资源优势的逐渐失去不利于追逐资源降低成本的要素的集聚。

东北经济区拥有较好的交通基础条件，已经基本形成了由公路、铁路、水运、航空和管道等多种运输方式构成的综合交通体系，逐步形成了以大连港为干线港，以营口、丹东、锦州、葫芦岛等港口为支线港和喂给港的现代化的辽宁集装箱海上运输网络。在铁路方面，形成了连接哈尔滨、长春、沈阳和大连的交通运输主轴。东北地区铁路营业里程已达 16707 公里（含地方铁路公里），铁路网密度为 114.6 公里/万平方公里，为我国既有铁路网最为稠密的地区。在公路方面，东北地区初步形成了以北京至沈阳、哈尔滨至大连等进关出海、连接中心城市的高速公路为骨架，以国道和省道为干线，以县乡公路为基础的公路网络，公路网长度为 208505 公里，公路网密度为 14.3 公里/百平方公里。东北地区优越的交通基础条件有利于资源的流动和信息的传递。一方面，能够为企业提供便利的仓储和物流条件；另一方面，便利的交通能够提供较好的生活保障，有利于企业对人才的吸引。因此，东北交通条件的不断完善有利于生产要素的流入和集聚。

5.2.2　东北地区的信息服务

信息咨询服务是产业集群形成与演化的最重要、最具活力的因素，东北地区的信息资源相当丰富，信息服务专业人才储备较雄厚，高校多，自然科学、人文科学、应用科学、交叉科学的知识信息量大。科研院所云集，科研力量雄厚，区内的知识储备、智力密度、科技产业优势比较明显。图书馆馆藏丰富、特色独具，尤其是日韩文献丰富。多数信息咨询服务机构都建立了网络平台，形成了现代的传输系统。虽然东北信息资源存在着诸多优势，但现实中并没有充分发挥强有力的功能，对于东北产业集群的信息支撑和智力支持的作用还有很大的潜力没有发挥出来。

① 在信息服务对产业集群的形成方面，认识程度不够，信息服务资源的拥有者资源共享观念淡薄，习惯于条块分割，从而不利于有效的信息流动和传播。东北地区产业集群多来自本地的地域综合体，地域综合体的特点使得企业虽然邻近，但彼此之间的业务往来较少，更没有深层次的合作。产业集群形成以后，状况虽然有所好转，但是信息共享的观念依然淡漠，信息拥有机构出于部门利益之间的考虑，信息在跨部门、跨行业、跨地区的流动往往存在明显的障碍。

② 信息中介机构不健全。东北地区缺乏市场化运作成熟的信息中介机构已经成为阻碍东北地区产业集群形成与发展的瓶颈之一。中介机构是产业集群中企业间信息传递的桥梁，如知识传播和交流机构、风险投资服务机构、代理服务机构等，降低合作成本，减少合作风险。东北地区在观念中重视工业轻视服务业的观念，使得信息中介机构不健全，这严重地制约了产业集群的形成和演化。

5.2.3 东北地区的资本资源

资本资源的变化趋势。在计划经济体制下，全国实施的是各地区平衡发展战略，区域之间资本形成的基本特征是公有制经济占主导，中央政府对经济具有绝对的控制权，在资本形成过程中起主导作用。中央政府凭借对国企的利润垄断及价格租金的占有，掌控了庞大的经济剩余，进而国家对国有经济部门的拨款成为计划经济体制下我国独特的资本形成机制。在这一阶段，新中国成立以后，集中对东北地区投入了大量资金，使该地区建设了较多的大型国有企业，其中不乏关系到国家经济命脉的资源开采和加工企业、军工企业，以及关系到工业发展的基础性装备制造业。在计划经济时期，东北地区国家拨款一度倾斜，在这一时期，相对于其他地区，东北地区的资本资源相对丰富。改革后，随着自主权的逐渐扩大，各地尽可能地加速本地的资本形成，促进经济快速发展。改革初期，中央财政逐渐弱化，以拨改贷政策的推出，各地的资本形成基本上都是依靠国有银行的信贷资金供给，随着银行市场化改革的不断加深，银行资本追求利润，规避风险的要求愈加强烈。在这一时期，我国尚处于轻工业、小家电、日用品的短缺经济，市场需求存在巨大的空间，这些产业投资小，进入门槛低，东部沿海地区依赖先试先行的改革开放政策，大力发展相关产业，资本回报率高，不断吸引银行资本和民间的聚集，对资本形成了一定的锁定作用。而东北地区关系到国民经济命脉的产业所占比重较大，改革开放较晚，沿海地区产品市场定价之时，东北地区重工业产业还按照计划的低价格向内地输出。因此，东北地区企业利润率普遍较低，加之这一时期国有企业之间“三角债务”比较普遍，资本风险较大，吸引银行资本的能力较差，很多企业陷入困境，工人纷纷下岗，东北进入了资本短缺时代。随着经济的不断发展，资本需求愈来愈旺盛，开辟非国有经济的融资渠道成为区域经济发展的关键。市场化进程较快的地区，在国有金融体制外，形成了促进当地经济发展的资本形成模式。具体来讲，有代表性的资本形成模式包括以下几种。

① 苏南模式。作为我国乡镇企业聚集区域的苏南地区，突破传统一切信用集中于银行的框架，发展起了股份合作制的组织体，通过发行不规范的股票、债券来筹集融通资金，从而解决了资金瓶颈问题。

② 温州模式。非国有经济的比重占到 80% 以上的温州建立了多样的民间借贷市场，开辟了个体和私营经济的有效融资渠道。

③ 深圳模式。深圳凭借中央政府给予的优惠政策环境，从国际金融市场获取了大量的资金。

④ 区域性金融机构。改革开放初期，区域性商业银行是在地方政府与中央政府之间的反复博弈中催生出来的，它的建立促进了地方融资的多样化，有力地支持了地方非国有经济的发展，如深发展、浦发展等。

⑤ 证券市场。沪、深股市的建立则为经济增长较快地区企业的直接融资提供了便利。市场化程度高的地区经济在体制内外均得到了资本空间。相对而言，市场化程度低的东北地区却没能突破全国统一的金融供给制度，该地区国有经济占比较高，可以得到更多的国家金融支持，可以凭借国有企业这一筹码与国家谈判，没有得到经济发展所需的全部资金，也没有动力进行创新。因而，等待国家的金融支持成为其最优策略选择。在这种情况下，大量的中小企业、民营企业被排斥在有组织的金融市场之外。资本形成严重不足，经济发展受阻。

东北振兴政策实施之后，东北地区资本供给状况虽然有所好转，从 2007—2014 年的数据来看，与长三角地区相比，东北地区资本总量明显偏低，值得提出的是，东北地区资本总量的增长前期与长三角地区大致相似，但是由于错过了资本形成的最佳时期，因此，资本供给总量基数较低，从 2013 年开始，东北地区投资增长率明显下降。（具体见表 5.1 和图 5.1）

表 5.1　　全社会固定资产投资资金来源

年份	本年资金来源小计/亿元		国家预算内资金/亿元		国内贷款/亿元		利用外资/亿元		自筹资金/亿元		其他资金/亿元	
	东北	长三角地区	东北	长三角地区	东北	长三角地区	东北	长三角地区	东北	长三角地区	东北	长三角地区
2007	10865	24144	474	271	1230	4167	223	1533	7598	13835	1340	4338
2008	14557	29160	654	420	1576	4546	331	1837	10350	16421	1645	5936
2009	18867	32795	814	573	1691	5204	493	1964	14255	19752	1614	5302
2010	24943	42075	1231	819	2664	6415	527	1530	18160	23937	2361	9374
2011	33772	48611	1277	866	3781	7303	531	1633	25070	29033	3114	9776
2012	44323	62758	1743	1725	4330	8962	443	1557	33794	39819	4013	10692
2013	49982	75198	1968	2085	4794	10075	412	1545	38294	47373	4514	14121
2014	48308	81635	1773	2449	4401	11216	223	1572	38552	38597	3360	12800

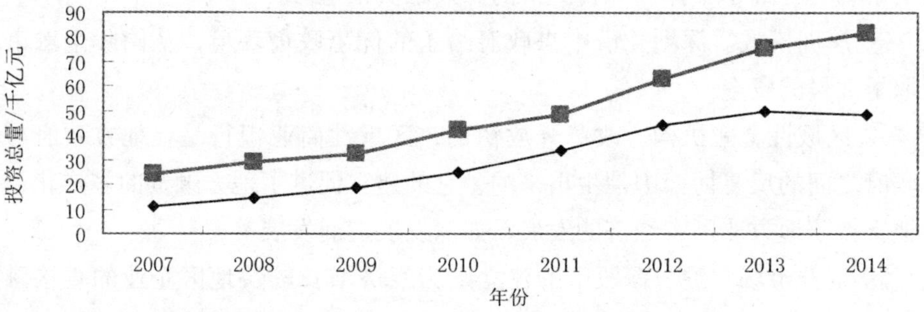

图 5.1　东北地区与长三角地区资本总量对比图

从全社会固定资产资金来源结构看，东北地区在国内贷款、利用外资和其他资金方面的比例都远远低于长三角地区；在国家预算内资金方面，东北地区与长三角地区相同。由于银行贷款、利用外资和其他资金短缺，东北地区不得不用自筹资金来弥补，因此，东北地区自筹资金占全社会固定资产投资总额的80%，而长三角地区相同指标为58%。国家预算内资金、银行贷款和利用外资是地区间自由流动的资本，或者说是竞争性资本；而自筹资金是区域内部资本，从区域范围来讲，自筹资金只是区域内部资本在不同用途上的转化而已，并不能真正增加区域的资本供给。因而东北地区全社会固定资产投资的资金来源结构说明，东北地区吸引资本的能力不足。如图 5.2 和图 5.3 所示。

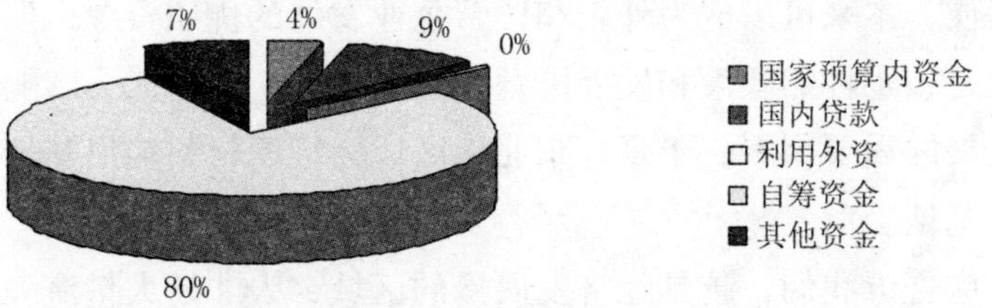

图 5.2　2014 年东北地区全社会固定资产投资资金来源结构

注：图中数据通过四舍五入保留整数。

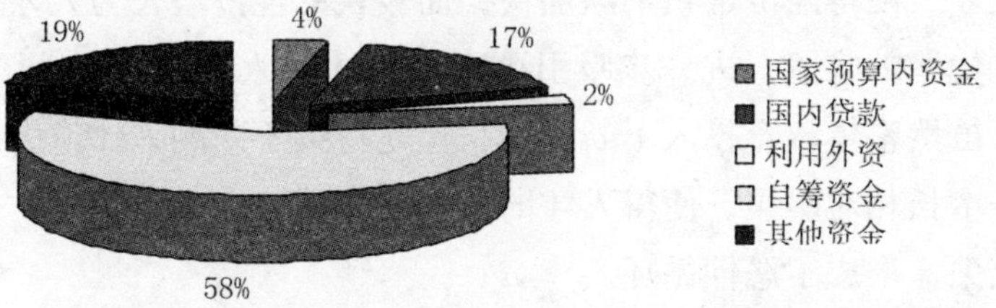

图 5.3　2014 年长三角地区全社会固定资产投资资金来源结构

从另一个角度来看，自筹资金项目的资金多来自对企业或者其他经营者的行政性收费，自筹资金所占比重较大。一方面，体现了该地区的市场化程度较低，政府对企业的行政干预程度较大；另一方面，行政性收费使得企业利润率下降，投资风险增加，事实上，起到抑制企业经营性投资的积极性。因此，加大比重的自筹资金在某种程度上降低了经济活力。

与经济起步较早的东部沿海地区相比，东北地区改革开放初期缺乏较好的融资渠道，没有形成资本洼地，经济发达地区对资本具有锁定效应，因此，不利于资本在东北地区的集聚。自筹资金所占比重较大体现了政府干预经济较多，一方面使得企业决策的自主性降低，使得企业为了获得有利的竞争机会，不得不对主管部门进行寻租，增加了企业的潜在成本，决策速度也受到严重的影响，加大了企业的经营风险；另一方面降低了企业的利润率，使企业竞争能力降低，这严重地影响了对资本的吸引力，制约了产业集群的形成和发展。

5.2.4　东北地区的人力资本流动趋势

作为老工业基地的东北地区集聚了大量的重化工企业，因此，具有很好的劳动力资源，特别是宝贵的产业工人资源。20 世纪 90 年代中期，随着国有企业改革的不断推进，东北地区加快了破产改制、兼并重组和减员增效的进程，大量的产业工人被从国有企业中释放出来，这些产业工人具备良好的产业技能和较高的素质，本来可以成为外企和民营企业发展的优质资源，但是恰逢当时东北地区缺乏鼓励性的政策和发展民营企业的资本，就业成为影响当时东北经济进一步发展的重要因素。于是，东北地区成为继原材料输出基地之后的劳动力资源输出基地。

马太效应告诉我们，越是经济发展慢的区域，人才越大量流失；而经济发展相对较快的地区，却总是“才源滚滚”。在我国，经济发达地区凭借区位优势、基础设施优势、市场化优势、产业集聚优势、人才收益优势等，集聚了越来越多的人才，使得经济增长不断加快，而较快的经济增长为人才提供了更好的机会和更优厚的收益，进一步吸引更多的人才流入，如此进入了良性循环。而东北地区虽然整体教育投入不断增加，但是持续不断的人才流失、创新能力较弱、经济增长相对缓慢，使得人才的收益和发展机会相对较少，进一步刺激了人才的流失，形成了恶性循环。

从以下人力资本流动模型，能够分析出东北地区劳动力资源流动的趋势。假定横轴代表两个区域的人力资本供给量（A 区域为从左向右，B 区域为从右向左），设两个区域人力资本总量为定值，纵轴代表人力资本的收益水平，S_A 为 A 区的人力资本供给曲线，S_B 为 B 区的人力资本供给曲线。假设初始时期两区的人力资本供给为 M_0，则在这一点处，两区工资 $W_A > W_B$，因此，B 区人力资本流向 A 区，由人力资本供求曲线图可知，A 区的人力资本流入将导致其全要素生产率的提高，导致人力资本收益水平进一步增加，从而进一步吸引 B 区人力资本流向 A 区，即人力资本的供给从 M_0 点移到 M_1 点的位置，使得不平衡进一步加大[107]（见图 5.4）。东北地区正是在这种人力资本流动的动力驱动下，大量的技术工人流向经济发达地区。

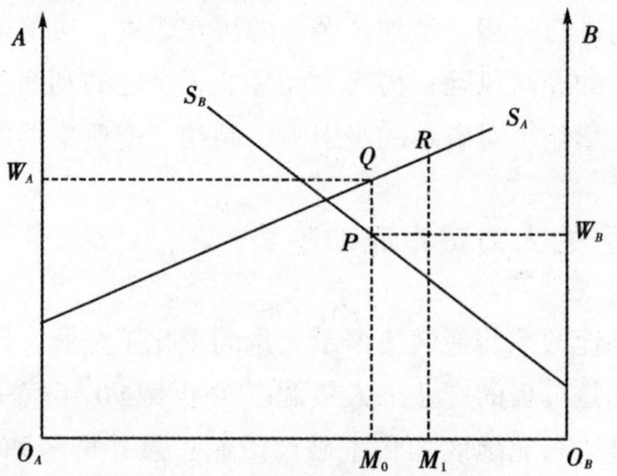

图 5.4　两区域人才流动模型

表 5.2　　东北地区与长三角地区城镇就业人口对比表　　万人

地区	年份						
	2008	2009	2010	2011	2012	2013	2014
黑龙江	475	469	460	466	471	468	451
吉林	262	265	268	278	285	338	334
辽宁	511	510	518	580	599	689	665
东北地区合计	1248	1244	1246	1324	1355	1495	1450
上海	377	385	393	497	556	619	649
浙江	741	814	884	996	1070	1072	1103
江苏	708	721	764	811	831	1603	1602
长三角地区合计	1826	1920	2041	2304	2457	3294	3354

数据来源：2009—2015 年《中国统计年鉴》。

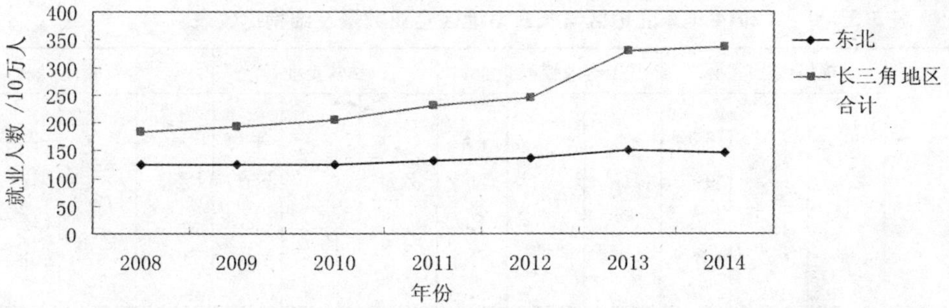

图 5.5　2008 -2014 年东北地区与长三角地区城镇就业人口趋势图

从图 5.5 可以看出，东北地区与长三角地区相比，城镇就业人口数量增长缓慢，这意味着就业人口数量的增长与东北经济增长不相匹配，东北地区吸引劳动力的能力较差，尚未成为劳动力流入地。

由于东北地区的工业基础较好，工业化与城市化程度较高，因此，拥有较为丰富的技术工人资源。大量的技术工人的流失不利于东北地区产业集群的形成和发展，但东北地区流出的技术工人都是出去寻求更好的发展机会，技术工人向外转移，存在两方面问题：一方面，存在着一定的转移风险；另一方面，在异地工作，给个人和家庭带来了较大的转移成本。因此，一旦众多的企业落户东北地区，就业机会的增加和工资水平的提高，技术工人回流是必然的趋势，由此能够断定技术工人流失不构成产业集群形成与发展的障碍。

5.3 东北地区产业集群演化的核心条件要素

产业集群演化的核心条件要素为企业数量、市场体系和制度支持。三个要素相互联系，完善的市场体系和适宜的制度支持将有利于企业数量的增加和企业类型的完善，企业数量的增加又能够促进制度的变迁和市场体系的快速形成。

为了阐述研究问题，本书采用产业集群较多的长三角地区为参照系，来分析东北地区的企业数量及其结构。从表 5.3 可以看出，东北地区的规模以上企业数量远远少于长三角地区，只有长三角地区规模以上企业数量的 1/4，东北地区规模以上企业的平均资产为 2.8 亿元，长三角地区的同类指标为 2.03 亿元，这说明东北地区规模以上企业虽然数量较少，但企业的平均规模较大。

表 5.3　　2014 年东北地区与长三角地区企业数量及结构比较表

	规模以上企业			国有及控股企业			私营企业			外资企业		
	数量/个	总资产/亿元	平均资产/（亿元/个）	数量/个	总资产/亿元	平均资产/（亿元/个）	数量/个	总资产/亿元	平均资产/（亿元/个）	数量/个	总资产/亿元	平均资产/（亿元/个）
黑龙江	4305	14995	3.48	457	9489	20.76	2080	1739	0.84	220	1542	7.01
吉林	5311	16687	3.14	366	8798	24.04	2636	2428	0.92	332	2113	6.36
辽宁	15707	39247	2.50	624	17792	28.51	10319	9930	0.96	1723	7794	4.52
东北地区	25323	70929	2.80	1447	36079	24.93	15035	14097	0.94	2275	11449	5.03
上海	9469	35512	3.75	707	16244	22.98	4008	3927	0.98	4046	16730	4.13
浙江	40841	64078	1.57	723	9970	13.79	27557	23305	0.85	6237	15608	2.50
江苏	48708	101259	2.08	960	17764	18.50	30474	30579	1.00	11098	36685	3.31
长三角地区	99018	200849	2.03	2390	43978	18.40	62039	57811	0.93	21381	69023	3.23

数据来源于：《中国统计年鉴》。

从国有及控股企业来看，东北的国有及控股企业绝对数量是长三角地区的 61%，就地区内部而言，东北地区国有企业资产占规模以上企业总资产的

50.87%，长三角地区同类指标为 21.90%；平均资产东北的国有及控股企业为 24.93 亿元，长三角地区为 18.40 亿元，而从国有及控股企业资产总量方面看，东北地区只占长三角地区的 80%。可见，就国有及控股企业而言，东北地区企业数量少、规模大，存在严重的结构问题。就总体存量而言，曾经为共和国长子，“一五”“二五”期间国家大量投资的东北地区国有企业总体存量也被长三角地区远远甩在后面。

在私营企业方面，东北地区企业绝对数量是长三角地区的 24.23%，私营企业资产总量东北地区是长三角地区的 24.38%，在东北地区，私营企业数量占地区企业总数的 55.6%，资产贡献率为 19.87%；长三角地区私营企业占该地区企业总数的 62.65%，资产贡献率为 58.38%；东北地区私营企业平均规模与长三角地区相当。可见，东北地区私营企业总量方面不足长三角地区的四分之一，而且私营企业在本地区占比较低。

在外资企业方面，东北地区外资企业总数量仅为长三角地区的 10.64%，外资资产数东北地区是长三角地区的 16.59%，东北地区外资企业占本地区企业总数的 8.98%，资产贡献率为 16.14%；长三角地区外资企业占该地区企业总数的 21.59%，资产贡献率为 34.37%。从规模方面看，东北地区外资平均规模为 5.03 亿元，长三角地区为 32.3 亿元。可以看出，东北地区外资总量是长三角地区的六分之一，单个外资企业规模较大，说明东北地区引进外资仅仅体现在少数几个大型外资企业。

综合以上分析，东北地区企业总数仅为长三角地区的四分之一。企业结构的特点为：区域内部国有及控股企业所占比重较大，企业规模大，企业数量少；私营企业个体规模两个地区大致相当，但由于私营企业数量少，资产贡献率远远低于长三角地区；利用外资方面是东北地区的一大短板，仅为长三角地区的六分之一，而且集中在国外少数大公司，从这一数据能够判断，东北地区引进外资多属于政府行为，外资主动流入的比重很低，进一步印证了东北地区在转型滞后的影响下，不能形成资本洼地的结论。总之，东北地区企业数量相对较少，国有企业规模和非国有企业规模并没有结构上的层次性，资本洼地尚未形成，民间资本流入该地区的动力不足，这种企业结构状况不利于产业集群的形成和演化。

市场体系包括供给方面、需求方面、监管和服务方面。东北老工业基地的特点是重化工产业所占比重较大，国有大型企业相对较多，从供给方面显现出产品批量大、品种类型不多、重工业产品所占比重较大的特点。东北地区城镇化程度较高，居民的消费意识较强，东北地区在需求方面表现为居民的边际消费倾向较大，居民消费主要集中在食品、服装、日用品、旅游、家用电器、汽车、房地产、装修等，除了汽车属于东北地区主导产业、房地产增长速度较快之外，其他商品远远不能自给自足，因此，有较大的比例来自其他地区。由于近年来东北地区企业设备引进和设备更新率不高，企业对投资品的需求并不旺盛。东北地区长期以来注重工业的发展，生产性服务业的发展明显滞后，因此，生产性服务业的供给和需求存在较大的落差。改革开放以后，东北地区的生产性服务业得到较快的发展，但是仍不能满足工业企业的需求，主要原因在于以下两个方面：一是东北地区长期以来形成的重视工业轻视服务业的观念；二是计划经济时期东北地区大型国有企业较多，很多企业为了满足自身的需求并解决企业子女的就业问题，自办服务型机构。改革开放以后，虽然有些服务型机构与企业进行了分离，形成了面向市场独立经营的公司，但仍有许多机构并未分离，这一方面减少了对市场上生产性服务业的需求，另一方面对市场上生产性服务业的投资具有很大的挤出效应。对市场的监管主要来自政府和行业协会，政府是对“看不见的手”的调整，行业协会是行业的自律组织。政府的作用大部分通过制度的供给方面来体现，因此，政府对市场的干预放在制度支持方面阐述，这里重点分析行业协会的状况。东北地区的行业协会多出自政府背景，因此，与政府有着千丝万缕的联系，或者干脆成为政府的代言人，这类行业协会失去了真正意义上的行业自律的作用，不是企业自发形成的，企业的信任度和参与管理的热情不高。产业集群的形成与发展表现为众多企业在特定区域的集聚，东北的产业基础来自重工业，产业集群的形成应依赖于当地的产业基础，但无论是哪种行业的产业集群，都离不开生产性服务业的支持，生产性服务业的落后使得产业集群在信息服务、技术服务、金融服务、商贸、仓储和物流等方面受到制约，不利于产业集群的进一步发展。行业协会是产业集群所在行业的企业自律组织，面对市场，行业协会起到规范竞争、促进合作、对外宣传的作用；面对政府，协会起到表述政策需求、要求制度改革的作用。以政府为背景的行业协会在后者的作用方面显然较弱，使企业参与的积极性大打折扣，不利于产业集群的良性发展。

在制度支持方面，振兴东北老工业基地战略实施以来，中央政府给予了东北较多的支持性政策，如减免税收的财政政策、支持国有企业改革发展的金融政策、东北三省的协调政策、有利于地方发展的土地政策、有利于资源城市转型的产业政策、项目和资金的直接支持政策等。除了这些有利于产业集群形成与发展的政策外，东北地区长期以来形成了一些独特的制度供给。与经济发达的长三角地区和珠三角地区相比，东北地区的政府对经济的干预程度较大。主要体现在以下两个方面：一是东北地区大型国有企业所占比重较大，按照现行体制，大型国有企业主要决策者多由政府任命，这些大型国有企业积极推动和实施政府的行政指令，因此，政府的行政指令在东北显得格外有效；二是东北地区的全社会固定资产投资结构中自筹资金的所占比重较大，反映了行政事业单位的各部门对企业收费较重。这减少了企业利润，降低了企业的竞争能力，抑制了企业投资的积极性。国家给予东北地区的支持政策是该地区产业集群形成与发展的核心要素，东北地区需要借助国家政策之力，出台与各个地方和各个产业相应的具体政策，树立政策是最重要资源的思想，减少政府对市场的干预程度，一切政府行为均围绕要素的集聚和要素的充分利用，这样才更有利于乘政策之势，快速发展该地区的产业集群。

5.4　东北地区产业集群演化的高端条件要素

高端要素条件包括文化创新、技术创新和社会资本等。文化具有地域的根治性特点，文化一旦形成，便不可被复制和模仿，在一定的文化氛围中，企业之间能够形成区域内部的行为规范，有利于区域内部企业之间增进相互了解、形成默契，降低交易成本，进而增加密切合作的机会。技术创新是产业集群演化和发展的必要条件，集群内新技术的不断出现，推动集群由低级向高级不断发展。社会资本是产业集群形成的基础，只有企业之间、企业与协会之间、企业与政府之间、企业与研究机构之间建立了密切合作的关系，产业集群才有活力。

技术创新可以从知识创造、知识流动、企业创新能力、科技创新环境的角度来衡量。东北地区的知识创造能力较强，区域内部高等院校和科研院所的密度在全国居于前列，因此，东北地区论文发表的数量和专利申请的数量也在远远超过了全国平均水平。东北地区知识流动的水平较差，该地区技术转移能力差是一个重要原因，在东北地区，将技术转化成商品，进一步形成产业优势的能力较低，该地区的国有企业所占比重较大，国有企业体制不灵活，主动与外界的合作动力不强，由于国有企业高层管理者具有任期限制，因此，在决策方面，更倾向于求稳和注重短期效益，从创新成果到商品的转化存在着较大的风险，使得东北地区创新成果的转化动力不强，致使东北地区大量的创新成果停留在实验室，或者通过技术市场流通到其他经济区域。东北地区的企业技术创新能力与全国水平相当，但创新的产出水平较差，新产品上市率低、产值偏小，进一步说明了东北地区将科技转化成生产力的能力较差。东北地区的科技创新环境劣于经济发达的长三角地区和珠三角地区，其中东北地区的市场需求较低、产业结构不合理、企业结构以国有企业为主是造成科技创新环境较差的主要原因。值得提出的是，东北地区在企业创新的资金投入方面较高，科技创新的金融环境方面较好，这说明东北地区的科技创新能力差不是由于资金投入不足造成的[107]。东北地区创新资金和人才投入较大，知识创造能力较强是产业集群从低级向高级演化的重要基础，虽然目前成果的转化能力较弱，一旦形成了产业集群，在集群内部激烈的竞争下，企业纷纷要求退出新产品，将大大提高创新成果的转化率，使产业集群进入良性发展的轨道。

东北地区在社会资本方面的特点是众多企业、行业协会、科研机构均以政府为中心形成放射状结构。由于东北地区国有企业所占比重较大，大型企业之间较少形成产业链条关系和产品互补关系，有些关系到国民经济命脉的基础性行业和军工企业依然不能完全市场化运作，原料和产品在一定程度上保持着计划性，因此，企业之间的关联不够紧密。较大比重的行业协会具有政府背景，这些行业协会与政府的关系相对密切，而与企业之间相对疏远。东北地区政府已经意识到企业与科研机构合作的重要性，近年来，在推动产学研合作方面，发挥了巨大的作用，因此，东北地区在企业与科研机构的协同创新方面初见成效。东北地区社会资本以政府为中心呈现放射状，企业之间以及企业与科研机构之间的业务联系不紧密，自发地形成产业集群的概率较小，政府的推动作用显得尤为重要，在政府推动下，使得上下游企业之间，企业与科研机构之间的联系日益密切，增大了产业集群产生的可能性，产业集群一旦产生，政府的功能便不再干预集群内部的经济行为，只局限于对市场的监管和维护公平的竞争秩序。

5.5 本章小结

本章主要针对东北地区在环境结构和基本要素条件的特性来探讨产业集群形成和演化的特征。

东北亚地区的紧张局势降低了该地区的贸易条件，不利于东北地区产业的形成与发展。东北地区大部分企业尚处于粗放式经营模式，在一定程度上，企业容易集聚，但在这个阶段形成的产业集群竞争异常激烈。在宏观环境方面，不利于东北地区产业集群的演化和发展。

东北地区区位条件优越，城镇化程度高，交通运输基础设施比较完善，东北振兴政策实施以来，国家给予促进东北经济快速发展的有利政策，由此看来，东北地区在产业集群形成方面具有优越的区域环境。

东北地区的产业结构特点是以重工业为主，这些产业适合于轮轴式产业集群的形成，目前已经形成了一些轮轴式的产业集群，但从总体来看，数量不多，多数尚处于几个大企业聚在一起集而不群。东北地区主导产业多处于粗放式发展，各个地方纷纷出台了刺激本地主导产业发展的规划和措施，国内外制造业有转移趋势，这些都是对东北地区形成产业集群有利的产业因素。

东北地区的自然资源优势已经渐渐逝去，但较为完善的交通条件和优越的区位条件能够在某种程度上弥补资源优势的不足。东北地区具有丰富的信息资源，但对信息服务对产业集群的重要性认识不足，中介机构不健全，不利于产业集群的形成和发展。

东北地区改革开放初期没有享受到政策上的优势，加上该地区的产业特点，吸引资本的力度不足，本地区也没有形成独特的资本融通模式，因此，投资量不足，目前东北地区的资本投入总量远远低于经济发展较快的长三角地区。从投资结构来看，东北地区在国家预算内资金和自筹资金方面的比例远远大于长三角地区，在国内银行贷款和利用外资方面的比重小于长三角地区，资本总量和资本结构均不利于该地区产业集群的形成，该地区需要解决资本流入的动力问题。

东北地区拥有丰富的人力资本，改革开放后，东北地区大量的技术工人外流，如果产业集群形成了一定规模，劳动力回流具有很大的积极性，那么产业工人的存量是主要优势，技术工人外流不构成影响产业集群形成与演化的主要因素。

与经济发达的长三角地区相比，东北地区企业总体数量偏少，从企业结构来看，国有企业所占比重较大，民营企业和外资企业所占比重严重偏小，并且国有企业、民营企业和外资企业在企业规模上并没有形成一定的层次，因此，企业数量和企业结构都是产业集群形成中重要的不利因素。

在市场体系方面，东北地区重工业产品供给所占比重偏大，轻工业产品偏小，制造业产品所占比重偏大，服务业所占比重偏小，政府背景的行业协会所占比重偏大，企业自发形成的行业协会所占比重偏小，因此，东北地区的市场体系不利于产业集群的形成和发展。

在制度和文化方面，一方面，东北地区政府对市场的干预程度较大；另一方面，东北地区民众对政府具有较强的依赖心理，因此，东北地区政府对经济的影响力大于其他地区，而产业集群的形成和发展是以市场规则为基础的。东北地区的文化中缺乏冒险精神，保守思想较为普遍。由此可见，东北地区的制度和文化不利于产业集群的形成和发展。

东北地区区域创新能力不强，主要表现为技术转移和成果转化能力不强，加大了产业集群的风险，不利于产业集群向高级转化。

东北地区社会资本的特点是企业、政府、科研机构的业务关系以政府为中心呈放射状分布，这种特点决定了在东北地区的产业集群形成过程中，政府应该起到较大的推动作用，产业集群一旦形成，则政府应将产业集群的运行交给市场。

第 6 章　东北地区产业集群形成与演化的影响因素

要素的流动是产业集群形成与发展的微观动力，左右要素流动的因素构成了产业集群形成和发展的主要因素。历史上，国内外不同的产业集群形成的因素各有不同，关于是哪种因素触动了产业集群的发起，目前理论界并没有统一的答案，但可以肯定的是，对于特定的产业集群，其中必定存在使产业集群得以形成和演化的决定性因素。相反，凡是产业集群发展落后的地区，必定存在一些重要的因素阻碍要素向该地区集聚。

与我国经济发达的东南沿海相比，东北地区产业集群的形成与发展相对滞后。对于东北地区产业集群形成与发展滞后的原因，国内外学者进行了大量的研究。侯志茹从价值链的视角研究了东北地区产业集群的发展问题，认为东北地区产业集群发展滞后的原因在于产业关联度低、产业链条断裂、产业价值链松散[1]。王子良、金喜研究了制度因素对东北地区产业集群发展的影响[6]。高斌、丁四保认为，东北产业集群的结症在于地域生产综合体本身固有的风险和制度变迁的约束。国有大型和特大型企业在资本市场、技术市场的强大垄断地位，以及对资本和技术要求很高的单一、偏重的行业特点，使东北民营中小企业始终处于一种“被挤出”“被压抑”的环境[108]。本书在前人研究的基础上，以影响要素集聚的动力为突破点，对东北地区产业集群形成与演化的影响因素进行研究。

在产业集群形成阶段和发展过程中，起主要作用的要素可以分为三类：基本要素条件，包括自然资源、基础设施、区位条件、信息服务、资本资源、劳动力资源等；核心要素条件，包括产业基础、市场体系、制度环境等；高端要素条件，包括根植文化环境（包括传统、企业家精神培育及创新创业文化、价值观、诚信意识等）、技术创新和社会资本等。这种分类方法缘于产业集群形成的必备条件与产业集群良性演化所需要的必要条件。无论如何，产业集群的形成与演化归根结底是要素集聚的结果（这里的要素是指可流动要素），劳动力、资本和技术是产业集群形成与演化的决定性流动要素，以哪种要素为主的集聚决定了产业集群的性质，如传统的劳动密集型产业集群、资本密集型产业集群或者新兴的技术密集型产业集群。要素集聚速度决定了产业集群的发展速度，要素集聚存量的大小决定了产业集群的大小，要素的质量直接决定了产业集群的竞争能力。其他要素都是为吸引这三种直接投入生产的基本要素而服务的，也就是说，劳动力、资本和技术的流动是产业集群形成与演化的决定因素，影响劳动力、资本和技术集聚的因素就是对产业集群形成与演化的影响因素。

东北老工业基地具有自身的特点，出于对东北产业集群形成与演化研究的需要，本书将影响产业集群形成与演化的因素分为软因素与硬因素两类。其中，软因素包括市场化程度与制度环境、根植性文化和社会网络，硬因素包括基础设施、区位条件、产业基础等。在众多的文献中，对东北优越的基础设施和区位条件已经成为共识，本书在研究中不进行赘述。书中将软因素中的市场化与制度环境、根植性文化、社会网络，以及硬因素中的产业及企业特点作为重点内容进行研究。

6.1 东北地区产业集群形成的有利条件

6.1.1 东北产业集群形成的软环境优势

6.1.1.1 东北振兴的政策优势

2003 年以来，中央政府出台了一系列的促进东北地区企业改革、产业调整和经济增长的财政政策、货币政策，以及改革试点和国债项目投资，给予东北产业振兴以政策和资金支持。2014 年以来，在新一轮东北振兴中，国家再次密集出台了包含在《关于近期支持东北振兴若干重大政策举措的意见》《中共中央国务院关于全面振兴东北地区等老工业基地的若干意见》《推进东北地区等老工业基地振兴三年滚动实施方案（2016—2018 年）》等文件中的系列政策。

（1）促进国有企业改革，促进企业走出困境的政策

国家先后启动了中国石油天然气股份有限公司、中国第一汽车集团公司、中国第一重型机械集团公司、哈尔滨电站设备集团公司、鞍山钢铁集团公司等 20 多家中央直属企业的企业办社会职能分离工作，中央财政补足 2. 2 亿元。

加大对东北老工业基地国有企业政策性破产的支持力度。国家决定，对东北老工业基地符合破产条件的企业，优先列入全国国有企业兼并破产工作计划，国家支付东北三省 67 户破产国有企业补助金 171.5 亿元，占全国用于这方面资金的 23%。

国家规定，对部分企业历史形成、确实难以归还的欠税，按照规定条件，经国务院批准后，可给予豁免。按照所得税改革的方向，实施提高计税工资税前扣除标准等减轻企业税负的有关政策。国家还规定，东北地区工业企业的固定资产，可在现行规定折旧年限的基础上，按照不高于 40% 的比例缩短折旧年限。

支持人才资本和技术要素贡献占比较高的转制科研院所、高新技术企业和科技服务型企业，通过增资扩股、出资新设等方式开展员工持股试点。加大中央国有资本经营预算对东北地区中央企业的支持力度。

允许国有企业划出部分股权转让收益、地方政府出让部分国有企业股权，专项解决厂办大集体和分离企业办社会职能等历史遗留问题。中央财政继续对厂办大集体改革实施“奖补结合”政策，允许中央财政奖励和补助资金统筹用于支付改革成本。进一步推进农垦系统改革发展，理顺政企、社企关系，深化农场企业化、垦区集团化、股份多元化改革，支持农垦企业按照规定参与国家大宗农产品政策性收储和境外农业综合开发。

（2）产业结构调整与产业升级的政策支持

允许东北地区有比较优势的装备制造业、石油化工业、冶金工业、船舶制造业、汽车制造业、高新技术产业、军品工业和农产品加工业等，在新购进机器设备时，所含的增值税税金将予以抵扣。围绕石化、钢铁、重大装备、造船、汽车和零部件、农产品深加工、医药等东北地区的优势领域，实施以重大装备本地化为重点的东北老工业基地调整改造国债专项，支持东北等老工业基地优势产业发展壮大。

对东北地区的低丰度油田和衰竭期矿山，适当降低了资源税的税额标准。符合条件的企业，经省级人民政府批准，可以在不超过 30% 的幅度内降低资源税适用税额标准。国家加大了对东北地区棚户区改造的支持力度，对中央之前下放的煤炭企业的棚户区改造配套基础设施给予适当的资金补助，累计安排国家投资 40.5 亿元用于东北地区 15 个采煤沉陷区治理。2015 年，中央财政累计安排 320 亿元支持东北三省资源枯竭城市解决历史遗留问题。

率先在黑龙江、吉林两省实行全面减免农业税政策，扩大东北地区粮食生产补贴范围和规模。安排国债资金34.3亿元用于东北老工业基地农业、林业和水利建设。支持产业转型升级示范区和示范园区建设，落实培育东北地区新兴产业三年行动计划，加快设立东北振兴产业投资基金。

（3）对东北地区的金融政策及项目支持

商业银行加快了东北地区信用体系建设，国家鼓励外资银行进入东北；建立健全中小企业融资担保体系。国家加大对下岗失业人员的小额担保贷款力度。在增加对下岗人员小额担保贷款的同时，重点向东北地区倾斜。国家开发银行对振兴东北老工业基地的专项资金支持金额达1680亿元[109]。

2003年推出的振兴东北老工业基地改造国债资金第一批100个项目，总投资610亿元，项目的国债资金补贴实行统一按照项目贷款额年息6%贴息3年。2004年，国家又进一步实施了国债资金第二批项目197个，累计投资达1089亿元。2003年国家启动高新技术产业发展专项60个项目，总投资56亿元。截至2004年底，为推动东北地区高技术产业发展，加快科技成果产业化，提升企业自主创新能力，国家共下达国债项目贴息8亿元，安排东北高新技术项目118项，下达国家投资5.6亿元。2005年国家发展和改革委员会下达的东北等老工业基地调整改造和重点行业结构调整的63个项目中，东北地区占40个项目，东北地区投资规模为44.07亿元，安排国债资金4.29亿元。

国家发展和改革委员会积极协调有关部门，建立定期调度机制，推动《国务院关于近期支持东北振兴若干重大政策举措的意见》涉及的139项重大项目建设。截至2015年底，24个项目已经竣工，累计完成投资约1812亿元。80个在建项目如期推进，已累计完成投资约5775亿元。哈尔滨至齐齐哈尔高铁、沈阳至丹东铁路客运专线、丹东至大连快速铁路、赤峰至锦州铁路、营城子至松江河高速公路、新建辽宁锦州机场工程、辽宁绥中电厂改接华北电网±500千伏项目、中石油大庆—锦西原油管道工程（大庆—铁岭段）等项目相继竣工，进一步完善了东北地区重大基础设施条件。

2015年共支持东北三省474亿元，主要用于支持保障性安居工程和城镇基础设施、“三农”建设、重大基础设施建设、城区老工业区和独立工矿区建设等。明确2016—2018年拟出台的重大任务和拟开工建设的重大工程项目，分年度确定了137项重点工作。

（4）社会保障政策支持

2001年7月，国务院正式批文在辽宁进行完善城镇社会保障体系试点工作，总体目标是“一外三化”，即建立一个独立于企业事业单位之外、资金来源多元化、保障制度规范化、管理服务社会化的社会保障体系。从2004年起，继辽宁之后，在黑龙江、吉林两省推开完善城镇社会保障体系试点工作，国家拿3.75%，用人单位拿1.25%，做实个人账户5%。2004年，中央财政对黑龙江、吉林两省中社保“并轨”和“做实”共给予补助45.7亿元。

6.1.1.2　东北地区发展的外部机遇

进入21世纪，全球范围的国际产业转移趋势发生了新的变化，化工、冶金、造船等基础产业开始大幅度加快向发展中国家转移。东北地处东北亚，毗邻俄罗斯、朝鲜、韩国、日本等国家，这些国家在资源、市场、资本、技术和管理经验等方面各有特点。韩国、日本在产业调整中，看重中国的大市场和制造业生产加工能力，将产业转移的目标主要锁定中国，东北地区因劳动力素质、产业配套能力、科技研发等优势，将成为承接辐射的节点，这对东北三省是一次良机。随着制造业在全球范围内加速进行梯度转移，昔日被视为最大负担的东北巨额国有资产，以其产业基础好、人才资源丰富的突出优势，成为吸引外资的新亮点。东北三省一批重点装备制造企业开始与国际一流企业合作。东北的振兴必将给东北亚经济区增添新活力，而东北亚是未来世界最具活力的经济区。东北经济振兴，就是融入东北亚经济区在国际产业分工和市场上的竞争。

从我国在区域经济发展格局方面来看，中国的区域经济格局呈现出局部大调整的趋势，长期处于中国经济高增长区的东南沿海经济增速有所放缓，随着劳动力成本上升、土地价格的攀升，以及环境承载能力达到极限，产业调整成为必然。长三角经济圈的沪、苏、浙的生产总值、规模以上工业增加值、固定资产投资、外商直接投资、信贷五大核心指标增速纷纷回落，有的甚至低于全国平均水平。2004年以来，东北三省在振兴东北老工业基地政策推动下，GDP增速提高显著。珠三角地区和长三角地区的一些制造业企业开始向环渤海地区和北方转移。东北三省应积极把握这种调整良机，加大招商引资力度，有针对性地选择产业，形成产业集群。

在国家“一带一路”战略背景下，东北地区努力打造成我国向北开放的重要窗口和东北亚地区合作的中心枢纽。推动丝绸之路经济带建设与欧亚经济联盟、蒙古国草原之路倡议的对接，推进中蒙俄经济走廊建设，加强东北振兴与俄远东开发战略衔接，深化毗邻地区合作。以推进中韩自由贸易区建设为契机，选择适宜地区建设中韩国际合作示范区，推进共建中日经济和产业合作平台。推动对欧美等国家（地区）相关合作机制和平台建设，高水平推进中德（沈阳）高端装备制造产业园建设。推进沿边重点开发开放试验区建设，推动黑瞎子岛保护与开发开放。在中央预算内投资中，安排资金支持东北地区面向东北亚开放合作平台基础设施建设，支持打造中国制造2025与德国工业4.0战略结合点。

6.1.2 东北地区的内部优势

6.1.2.1 东北地区独特的区位优势

优越的区位优势是老工业基地得以经济振兴的重要环境。东北地区既沿海又沿边，拥有大连、丹东、营口等五个出海港，以及丹东市、集安市、临江市、珲春市、和龙市、绥芬河市等32个边境县（市、区）。黑龙江省与俄罗斯的边境线长达3000多公里，有19个对应贸易口岸。周边与东北亚五国接壤，即日本、韩国、朝鲜、俄罗斯远东地区和蒙古国。其中，日本是发达的工业化国家，韩国是新兴的工业化国家，这两个国家的工业技术先进，现代化水平较高，而自然资源匮乏、劳动力价格偏高。目前，辽宁省与东北亚各国的贸易最活跃，并呈现稳定增长之势。黑、吉两省则是后起之秀，吉林省对日进出口贸易增幅高于辽宁省很多。俄罗斯是经济转型国家，工业基础实力强劲，军工技术和自然资源都处于世界领先行列，特别是远东地区有丰富的石油和森林资源，而轻工业发展能力较弱，中俄两国的沿边地区在资源结构、产业结构和市场需求结构等方面的互补性强，近年来，经贸合作发展得十分迅速，双方互开的边境口岸不断增加，形成了非常活跃的次区域合作地带。蒙古国具有丰富的矿产资源，朝鲜则是东北农产品和电力的主要输出地。此外，东北地区还是沟通东北亚和欧洲之间大陆桥的重要中间站与联络点。良好的区位优势为东北地区实现区域经济合作提供了客观基础。

6.1.2.2 东北地区的产业基础优势依然存在

东北地区具有丰富的石油资源，大庆、辽河、吉林三大油田位于东北，石油开采和石化行业得以快速的发展。东北的石化产业配套与衔接能力强，集中度也比较高。大庆油田的产量占全国的1/3，大庆石化扩建后，形成150万吨乙烯项目；吉化的60万吨乙烯项目继续扩大；大连拟上60万吨乙烯项目；盘锦乙烯正在进行由16万吨扩建到60万吨项目；抚顺石化计划将18万吨扩建到45万吨。石化工业是东北地区的支柱产业，三省可以合作发展配套衔接的产业集群。

钢铁工业是支撑东北老工业基地装备制造业发展的基础。辽宁的铁矿资源非常丰富，炼铁所需的焦煤和其他辅助材料齐全，钢、生铁、钢材分别占全国产量的11.9%、12.1%和11%，具有发展钢铁工业的强劲优势，形成了以鞍钢为主体、本钢和东北特钢产品相互补充的钢铁工业体系。钢铁行业的发展为东北地区的制造业特提供了丰富的原材料，长春第一汽车制造厂所需的钢材，辽宁的机械工业、造船、机床和黑龙江的重型机械、飞机制造等所需要的钢材原料基本来自东北本地。

制造业是国民经济发展的核心产业，高度发达的制造业是新型工业化的必要条件。东北老工业基地是我国长期以来重点发展的工业基地，尽管在经济结构调整中遇到一些困难，但是制造业的产业基础依然非常雄厚。金属制品、普通机械制造、专用设备制造、交通运输设备制造、电气机械仪器制造、仪器仪表等行业具有很大的生产能力，主导产品的技术水平和生产规模在全国机械工业中占有重要地位。辽宁省现有规模以上装备制造企业2157户，工业总产值（现值）1729亿元，机械成套装备和重大装备产品生产依然居国内领先地位。辽宁省装备制造业在数控机床、远洋船舶、铁路内燃机车、输配电及燃气轮机设备、石化及其专用设备、中央空调成套和冷冻及冷藏设备、矿山设备、冶金设备、轴承系列、轻型客车、车用柴油机和军工等装备制造产业，在全国市场中有较高的市场占有率，部分产品在国际上也有一定的影响。在装备制造业178类产品中，辽宁省几乎覆盖了2/3以上的门类。沈阳市是我国重大装备制造业的科研生产基地之一。尤其在数控系统、数控机床、工业机器人等先进制造技术及产品开发方面，在全国的优势明显。在55个装备制造企业生产的77个主要产品中，有44种在技术水平和市场份额方面居国内首位，有18个产品列世界前10位。同时，掌握一批重要装备的核心或关键技术，嵌入式软件系统、机器人及自动化生产线、燃气轮机等新型装备制造技术及产业化处于国内领先。沈阳市还被国家科技部确定为“用高新技术改造传统装备制造业，推进先进装备制造基地建设试点城市”。大连市利用港口优势，成功地发展了汽车发动机、船舶制造和起重设备、制冷工业和软件产业基地。以汽车制造为主的东北交通运输设备制造业，是东北第一位的主导产业和东北仅有的为数不多的处于扩张状态的主导产业之一，也是东北制造业中唯一的资产利用水平高于全国平均水平的行业。长春第一汽车制造厂奠定了发展交通运输设备制造业的优势。此外，在长春市、吉林市具有发展食品制造业、医药产业、碳素产品、电子信息等制造业的优势与潜力。黑龙江省的大型火电和水电装备分别占全国市场的33%和50%，哈尔滨市是全国最大的电站设备制造中心，“三大动力”工厂生产的水力、火力发电设备占全国首位。60万千瓦火电机组标志着发电设备制造工业已经跨入世界先进行列。在齐齐哈尔、牡丹江、佳木斯与绥化等市，还形成了大型电机、工业锅炉、汽轮机、继电器、变压器、电器开关、绝缘材料、电线电缆等生产电力设备的重点企业或配套厂家。中国一重集团是我国重大技术装备制造行业排头兵企业，自行设计制造的世界上吨位最大、技术最先进的1.5万吨重型自由锻造水压机，成为亚洲最大的重型机器制造企业。齐重数控装备股份有限公司（原齐齐哈尔第一机床厂）和齐二机床集团有限公司的产品已经进入当代发达国家同行业的第一方队，在国内市场的占有率大幅度提高。哈尔滨、齐齐哈尔、佳木斯、牡丹江和大庆等地还形成了工业设备制造工业产业系列，它包括起重设备、冶金设备、机床、工具、轴承、石油化工设备、轻纺机械等。在交通运输设备制造方面，哈尔滨飞机制造公司主要生产直9与运12飞机，主要性能已经达到国际同类产品的先进水平。哈飞集团汽车年生产能力已达30万辆，在全国微型汽车行业中排在第二位；东安微型发动机生产能力达35万台，市场占有率居全国第二位。哈尔滨轴承厂是全国三大轴承厂之一，哈尔滨第一工具厂和第二工具厂生产的精密复杂刃具及特种钻头木工工具居全国前列。此外，黑龙江省有300多家企业可以生产拖拉机、内燃机、联合收割机、大型机引农具等80多个品种。有40多家电表仪器生产企业，成为国家电度表生产基地之一。

此外，东北地区一些新兴产业的发展也具备较好的基础和喜人的增长势头，吉林省医药工业体系具有全国知名的大企业和名牌产品，其生物工程制药已成为新的增长点，科研实力雄厚。东北农业的发展带动了东北粮食深加工产业，以及牲畜养殖、酒及酒精制造业的发展。同时，东北生态环境优美，一些绿色无污染的食品及食品加工业为东北轻工业的发展创造了特色和机遇。大连软件园为国家级软件产业基地，实现销售收入近10亿元。鞍山软件园以面向冶金等传统产业改造为特色，现已吸引包括托普软件在内的软件企业60多家，实现销售收入5亿元。

6.1.2.3 东北地区的人力资本优势

东北地区科技发达、人才众多、技术工人素质高，教育素质发展水平和科技力量高于全国平均水平，东北地区的人口城市化程度要比全国平均水平高 10 个百分点。大企业集中，在实践中成长起一批批各类技术拔尖人才、工程师、高级技师等。同时，技术的不断传承，成长起一大批技术精湛的工人。东北地区高等学府、科研院所云集，高校总数为 100 余所，有自然科学研究机构 700 多个（含中科院所）。在校学生人数占全国总数的 11.6%，在校大学生数量排在全国第一位。各类专业技术人员 215.18 万人，占全国的 9.9%。其人才总量及平均密度均高于全国平均水平，每十万人在校大学生数辽宁、吉林和黑龙江分别比全国平均多 527 人、530 人和 274 人，这无疑为企业的发展提供了人才支持和储备。东北三省科研布局各有特色，辽宁省在金属、机械、化工、石油、农林土壤、新型材料等方面具有优势；吉林省在基础化学、量子化学、运输机械、光电子技术等方面的研究领先；黑龙江省则在石化、有色金属、农林、生物工程等技术应用方面有较好的基础。

6.1.2.4　地区基础设施建设完善

具有四通八达的综合运输体系。铁路通行里程达 14450 公里，铁路运营里程占全国的 18.3%。形成了以沈阳、长春、哈尔滨为中心，国、省干道为骨架，连接沿海港口、内陆口岸、铁路、机场，贯通三省的公路网；形成了以大连港为主，营口和丹东等中小港为辅，通达国内外 140 多个国家和地区的海上运输网络。其中，大连港和营口港的货物吞吐量占全国沿海主要港口吞吐能力的 8.8%。航空网由沈阳、大连、长春、哈尔滨等国内重要的航空港组成，通达全国主要大城市和一些边远城市。东北石油管道三线并行，形成了上联中俄管道和大庆、吉林、辽河三大油田，下接东北各炼厂用户的能源大动脉。

6.2　影响东北地区产业集群形成与演化的软因素分析

要素的流动是产业集群形成与发展的微观动力，左右要素流动的因素构成了产业集群形成和发展的主要动因。与长三角地区、珠三角地区和京津冀经济区相比，东北地区产业集群的形成与发展相对滞后。对于东北地区产业集群形成与发展滞后的原因，国内外学者进行了大量的研究。高斌认为，东北产业集群的结症在于地域生产综合体本身固有的风险和制度变迁的约束[108]。崔丹、杨晓猛对东北制造业产业集群进行研究后认为，资源整合不够、人才瓶颈制约、管理体制“路径依赖”影响了东北装备制造业集群效应进一步发挥[110]。本书在前人研究的基础上，以影响要素集聚动力的软因素为突破点，对东北地区产业集群形成与发展的影响因素进行了研究。

6.2.1 影响产业集群形成与演化的东北地区根植性文化

地区文化形成于长期的历史沉淀，具有根植性的特点，影响着地区居民的思想、行为方式、习俗等，进而影响该地区的经济和社会的发展。东北地区的历史源远流长，上古时期，殷商民族和东夷文化起源于东北的辽河流域，东北地区土地肥沃、资源丰富，历史上东北是少数民族聚居地，东北地区人口稀少，主要以农、牧、渔、猎为主。目前，东北地区主流文化形成于清朝中期到新中国成立后的一段时期，是随着几次大规模的移民逐渐形成的。清朝中后期，由于执行了“添丁进口，永不加赋”的低税收政策，以及国内统一、生活安定、中原人口骤增，中原人口大量移民东北，大量移民将中原文化带到东北。东北地区的工业化形成于殖民统治时期帝国主义对东北资源的掠夺，这一时期，由于山东、河北、山西等地区社会动荡、自然灾害频繁，大量的移民“闯关东”进入东北地区，随着工业化的形成，工业技术和从商思想在东北诞生。新中国成立后，“一五”“二五”期间，国家为了快速建立工业体系，依据东北良好的工业基础，在东北大量投资建立了大批国有企业，随之，关内形成了第三次大量的东北移民，与计划经济有关的文化形成于这个时期。由此，东北文化由民族文化、移民文化、中原文化、殖民文化和计划经济的单位文化综合沉淀形成。如图 6.1 所示。

东北文化有诸多优秀的方面，本书从产业集群的视角，只对影响产业集群形成与演化的文化因素进行剖析，对东北文化形成的阐述有利于分析相关文化对产业集群形成与演化的阻碍。

① 缺乏冒险精神和创新精神。东北地区文化中一部分来自移民思想，移民中以生活困苦者为主体，这些人易于满足温饱生活，具有“小富即安”思想，更愿意享受相对安逸的生活，乐于“猫冬”，缺乏思变思想，不愿意再次开拓和冒险，创新动力不强。冒险精神和创新精神是企业家精神的精髓，从这个意义上来说，东北文化不利于企业家精神的形成，企业家是企业的创造者和管理者，产业集群中原有企业的成长、新企业的建立无不是企业家才能的体现，因此，不利于企业家培养的环境必定影响产业集群的产生和发展。产业集

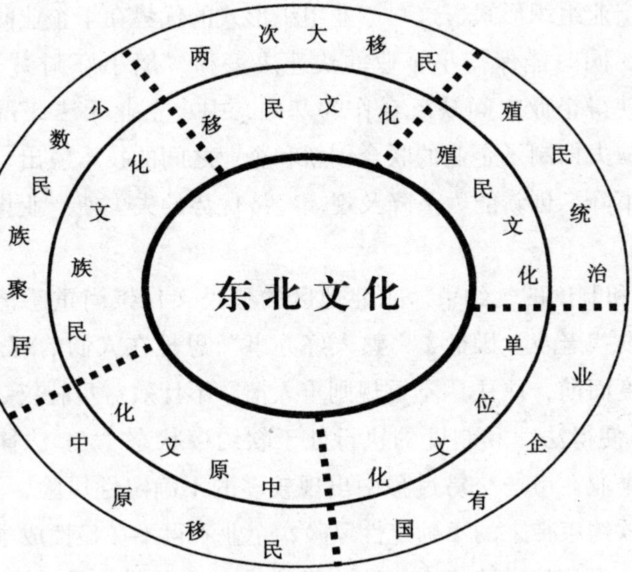

图 6.1　东北文化的构成

群发展到一定阶段，其演化和升级的微观动力来自集群系统对信息的吸收及集群内部的技术创新，创新精神缺乏不利于产业集群的演化和升级。

② 缺失契约精神，诚信体系状态较差。契约精神和制度起源于资源相对稀缺的环境。东北地区历史上地广人稀、资源丰富，不利于契约精神的形成。东北外来移民注重老乡和朋友的相互帮助与精神上的相互寄托，经济活动多存在于熟人圈子之内，如果出现违约，违约信息会在熟人之间迅速传播，因此，违约成本较高，很少想到利用契约进行约束，使得契约精神缺失。在计划经济时期，东北地区大型国有企业所占比重较大，在经济综合体中，企业办社会非常普遍，单位就是一个小社会，企业职工的经济行为局限于单位内部，企业的经济行为受计划指令的支配，更多地局限于企业和政府或上级主管部门，使得契约无用武之地，这些都是造成东北文化中契约精神缺失的原因。市场经济是寄托在契约基础上的经济体制，在市场经济条件下，资源由市场定价，经济的发展使资源变得稀缺。东北地区企业和个人的经济行为所涉及的范围突破原来固有的环境，违约被发现的概率下降，违约成本降低，使得东北地区诚信体系状态较差。产业集群产生和发展的基础环境是市场经济，市场经济以契约精神和诚信体系作为保障，契约精神的缺失，使得企业交易成本大幅增加，交易成本的增加提高了集群内部产品的最终成本，从而使营利能力下降。产业集群对要素的吸引能力下降，集群规模的发展进入停滞状态。产业集群是介于科层和

市场之间的产业组织形式，这一产业组织形式的优势在于企业间通过合作而获得规模优势，同时能保持小企业的快速决策和“船小好调头”的灵活优势，信用的缺失使得企业之间缺乏合作的基础，中小企业无法获得规模优势。此外，信用的缺失抑制了企业的联合创新和企业之间的技术溢出，使产业集群内的创新能力下降。创新能力下降及规模经济优势的失去使产业集群在演化过程中走向衰落。

③ 法律和制度的软约束。东北地区的移民文化崇尚重感情、讲义气，遇到困难靠朋友找老乡，因此，“熟人好办事”思想在人们的观念中根深蒂固。在法律和制度面前，往往“不重规则重人情、不计效益重礼仪、不重个人能力重关系网”，使得法律和制度的执行处于软约束状态[111]。法律、制度、规则的软约束使企业在市场交易过程中出现较多的不确定性风险，为了规避法律、制度、规则软约束带来的不确定性风险，企业不得不在显性成本之外支付一定的隐性成本，而且与显性成本相比，隐性成本具有更多不可控的因素，因此，增加了企业的投资风险，不利于东北地区吸引要素，对产业集群的形成与发展起到阻碍作用。

④ 官本位思想严重。东北地区的工业基础形成于帝国主义的殖民掠夺时期，帝国主义的顺民教育和顺民政策或多或少地在工人中形成了不同程度的顺民思想。新中国成立后，在东北超大型的单位组织中，员工的薪资、住房、子女就业等，一切经济和福利待遇由单位决定，使员工的各类活动单位内部化，形成了对权利的崇拜[112]。企业的各种经营活动听命于上级主管政府部门，企业的主要领导由政府任命等。在东北人心目中，形成了对领导和权利的高度依赖，官本位思想严重。思想上对领导和权利的依赖，使人们遇到问题更容易想到找政府和领导解决，企业习惯于依赖政府，政府习惯于用行政手段解决经济问题。因此，与经济发达的东南沿海相比，东北地区的市场化程度不高，这违背了产业集群形成与发展的基本环境。

6.2.2 影响产业集群形成与演化的制度因素

制度变迁一旦确定了路径，便具有自我强化的特点，从而形成对制度变迁轨迹的路径依赖。东北地区在新中国成立后，传统制度因素带来的经济绩效是边际递增的，中国经济在由传统体制向市场经济体制转变过程中，传统制度虽然阻碍了经济发展，但这种得到强化了的制度因素表现出顽固性，制约着东北地区产业集群的发展。

① 补偿机制尚未建立，地区之间的协调难度较大。中央实施东北地区等老工业振兴战略后，地方协作框架还没有建立起来，跨行政区进行产业结构大调整和资源整合的机制尚未形成，加上东北三省产业趋同，在对行政区域领导考核 GDP 的指挥棒下，行政区域之间在招商引资方面相互竞争，甚至出现竞相降低门槛的现象，导致资源难以在区域内有序流动，不利于产业集群的形成和发展。

② 计划经济时期建立的企业不平等尚未被消除。计划经济时期建立的中央国有企业、地方国有企业和集体企业之间，在拨款、项目、生产计划、员工待遇等方面，存在着不平等现象。改革开放以后，东北地区虽然这种意识有所淡化，但仍未彻底消除。重视国有企业、国有控股企业和轻视中小企业的意识普遍存在，因此，阻碍了中小企业与大型国有企业之间的交流和合作。而产业集群的活力来自在市场制度下企业之间建立在平等基础上的交易行为和合作行为的频繁发生。因此，东北地区企业不平等的观念不利于产业集群的形成与发展。

③ 渐进改革过程延迟了东北地区产业集群的形成。改革开放初期，在改革目标方面比较模糊，采用了“摸着石头过河”的渐进模式，经济体制改革的过程从计划经济到有计划的商品经济再到社会主义的市场经济。改革开放初期，沿海地区优先发展战略的实施，使得改革和发展的重心都集中到东部。改革和发展的区域梯度性导致地区间经济发展水平不平衡[104]。在国家实施改革开放后的一段时间里，国家不但没有给东北足够的资金支持，甚至将东北的一部分产出按照计划价格往内地调拨，使得企业营利能力下降、自我生存能力降低。在国家银行贷款市场化政策下，国企没有竞争力，更难获得贷款，在资金缺乏的状况下，技术改造欠账太多，而东北地区的产业多为资本密集与技术密集产业，因此，企业陷入困境，工作待遇的差距，使东北地区人才外流，恶化了东北地区企业的生存状况。要素在投入不足和不断外流的情况下，不可能形成产业集群。

④ 东部发达地区的要素锁定效应使东北地区产业集群发展缓慢。东部沿海地区在国家政策支持下，获得了先试先行优势，产业集群发展迅速，其产业集群不仅仅局限在劳动密集型产业、加工贸易型产业，并且向资本密集型、技术密集型产业转移，装备制造业及其比较完善的配套型企业集群正在逐步形成。产业集群一旦形成，就会发挥其要素集聚的功能，同时产业集群的竞争优

势将对要素具有锁定作用，使得要素缺乏离开产业集群的动力。东部地区产业集群在某种程度上形成了与东北及其他地区争夺要素的状态，特别在与东北地区相同或相似的产业方面，使东北地区要素集聚的速度受到影响，放缓了产业集群的形成和发展。

⑤ 东北地区制度转型的摩擦成本较大，不利于产业集群的形成。当经济体制由计划经济向市场经济过渡的时候，经济运行的规则发生了变化，经济行为从指令经济、调拨经济转向以价格机制、供求机制、竞争机制、风险机制为基础的市场行为，在市场经济条件下，东北地区的企业出于获取利润的考虑，自由选择供应商和销售商，没有责任将其供应商和销售商限定在区域内部。在制度转型过程中，东北地区大型国有企业的盈利能力较差，其产品竞争优势往往不强，中小企业受观念和制度的影响，发育较晚，因此，东北区域内企业之间的经济来往频率不高，也就是说，东北地区在制度转型初期成为内地的原料输出地和产品销售地，而自身的产业集群没有发展起来。

⑥ 制度转型的行为主体缺乏动力，制约了产业集群的形成与发展。从理论上讲，经济制度转型的行为主体应该是企业，企业中起到主导作用的是企业家，从这个意义上，经济制度转型的动力应该来自经济体系中的企业家群体。具体到东北地区，在东北的经济结构中，大型国有企业占据主导地位，中小企业不但数量少，而且规模小，因此，东北地区大型国有企业的企业家群体应该成为经济制度转型的行为主体。在计划经济时期，国有企业融资由国家拨款，生产、销售、采购均通过计划调拨，企业管理者拥有行政权力，没有利润考核的压力。在市场经济中，企业自主经营、自负盈亏，获取利润是企业的主要目标，企业家承担经营风险和营利压力，行政权力削弱，转而按照市场规则运作，企业家对制度变迁的预期收益不明确或者预期变迁会带来的“负利润”，包括权利的缩小、地位的下降和灰色收入的减少，甚至关系到企业家的声誉和前途，从而对制度变迁进行非自觉的抵制，在“搭便车”的期望下，缺乏制度创新的动力[75]。在计划经济时期，政府对企业行使管理职能，计划经济向市场经济的转型意味着政府将从对企业的管理职能转变为服务职能，职能的转变使政府失去了对企业直接行使管理职能时获得的经济利益和社会利益，因此，政府作为制度转型的推动者，动力不足。由于东北地区制度转型的主体和推动者缺乏动力，东北的市场化进程较慢，产业集群是市场制度下的产物，市场化环境的缺乏制约了产业集群的形成和发展。

6.2.3　东北地区企业的社会网络资源状况制约了产业集群的形成

东北地区企业之间的关联较少，聚而不集。从“一五”到“三五”，国家按照经济综合体的经济理论在东北启动了一些项目，提供了一些配套，形成了一定的产业关联关系，可这种关联又再次被国家对东北的指令性计划的调拨所打破，加上企业大而全小而全的状态，东北地区的企业虽然在地域上邻近，但彼此之间并没有业务往来，更没有技术方面的合作。中央企业与中央的上级主管部门联系较多，企业彼此之间及企业与地方政府之间的联系较少；地方国有企业与地方上级主管部门联系较多，企业之间的往来也比较少，企业之间的协同主要通过政府部门进行协调；东北地区研究机构之间及其与企业之间的联系不紧密，与政府部门的联系较多，研究机构之间的业务及研究机构与企业之间的合作经常通过政府撮合；中小企业之间的相互业务往来较多，中小企业为了争取政策支持，与政府之间建立了密切的联系，但东北地区的中小企业与大型国有企业之间的配套关系不密切；只有大型的生产性服务业企业（如银行、电信、保险公司等）与中央企业、地方国有企业、中小企业、政府机关及研究机构均有密切的关联性业务。因此，东北地区的企业之间聚而不集，形成了以政府为核心，各企业彼此互不来往的放射性关系格局。如图6.2所示。

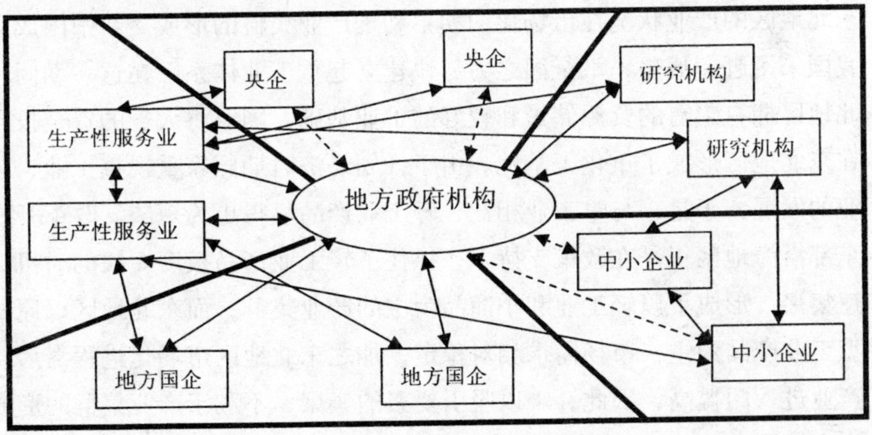

图6.2　东北地区企业的社会网络图

改革开放以后，状况有所好转，但在生产上仍然存在着惯性，重主机、轻配套，重产品、轻零部件，企业间缺乏经常性的沟通与合作。东北的汽车业就是一个明显的例子，先进的整车、发动机厂和落后的配套厂同时并存，汽车业原本产业关联度很高，涉及上游钢铁、有色金属、橡胶、塑料和玻璃，而且涉及提供装备的机械、电子、电器等一系列部门，并且其产业链还要延伸到销售市场网络。而长春第一汽车制造厂却远离汽车市场中心和汽车零部件供给中心，既严重地影响了区域内的协作配套，又增加了主机厂的采购成本[113]。

东北地区国有企业所占比重较大，企业用人制度制约了产业集群的形成与发展。国有企业职工薪资制度僵化，相同技术职称的职工不论能力如何，薪水基本相同，职工在技术创新方面做出成就以后，奖励范围较大，而且在某种程度上具有平均主义特点，技术能手得不到应有的认同感，因此，越高水平的技术工人跳槽的概率越大，而东北地区企业之间的关联性较小，技术工人流往外地。另一方面，产业集群的优势之一是通过技术人员的非正式交流降低创新成本和创新风险，促进知识溢出。在国有企业中，技术能手往往被提拔为企业管理人员，从而脱离了技术人员的非正式组织，不利于技术人员之间的非正式交流。无论是具有创新思想和创新能力的技术人员外流，还是技术人员的非正式交流不畅，都严重地制约了产业集群的形成和发展。

6.3 影响东北地区产业集群形成与演化的硬因素分析

东北地区的产业状况在市场化初期不利于产业集群的形成。新中国成立初期，我国采用赶超战略，举全国之力尽快建立起重工业体系。在这一期间，由于东北地区拥有丰富的资源储量和较好的工业基础，国家将大量的资金投到东北，在东北地区形成了重化工基地。由于计划经济时期国家重视重工业、轻视轻工业的发展，于是，与重工业相比，轻工业产品显得更为短缺。改革开放初期，东部沿海地区正是在政策支持下，抓住了轻工业产品极度短缺的时机，要素快速集聚，形成了以轻工业和小商品为主的产业集群，而东北地区以原材料和重型工业产品为主，市场需求相对稳定，加之东北地区市场化进程滞后，重化工产业进入门槛高，因此，难以吸引要素的集聚，不利于产业集群的形成。

生产性服务业内嵌于大型国有企业，抑制了产业集群的形成。东北地区大型国有工业企业所占比重较大，在计划经济时期，大型国有工业企业为了解决子女就业问题，不仅承担了企业办社会的职能，而且将服务业内嵌，许多大型国有工业企业通过多角化经营，以服务公司的形式进入服务行业，如宾馆、饭店、超市、运输、仓储、物流、培训等。此外，由于企业规模大，一些生产性服务功能内部化，如信息服务、技术服务、国际贸易服务、广告、市场研究、法律服务等。生产性服务业的内嵌，使得东北地区对市场上独立的生产性服务公司的业务需求锐减，从而对中小型生产性服务公司具有较大的挤出效应，加上东北地区金融业对大型国有企业重点支持，中小企业融资渠道单一，融资难题得不到解决，东北地区生产性服务业中小公司发展较慢。中小企业由于规模较小，没有能力将生产性服务功能内部化，或者从企业边界来讲，将生产性服务功能放在企业内部所带来的成本高于市场交易价格，由此，中小企业对生产性服务的市场供给高度依赖，在东北地区，由于生产性服务业中小公司发展较慢、生产性服务市场供给不足，严重地抑制了中小企业的发展。没有中小企业的配套，只靠东北地区大型国有企业，难以形成产业集群。

工艺、设备更新滞后，资源枯竭，对要素缺乏吸引力。改革开放后，东北地区国有企业工艺和设备更新一度滞后，到 2005 年，沈阳市主要工业企业生产设备属于国际先进水平的仅占 13.4%，国内先进水平的仅占 19.2%，两者之和不足 1/3。哈尔滨市工业企业设备役龄在 20 年以上的约占 23.8%，30 年以上的占 9.2%。长春市工业设备的平均役龄在 20 年以上的约占 60%。在 2.4 万多台机床中，20 世纪 80 年代水平的约占 17%，70 年代水平的占 47.2%。部分 20 世纪 60 年代以前的陈旧落后的装备在东北地区仍然沿用[114]。东北大型国有企业落后的工艺设备加上工艺流程的刚性，生产的产品与现代市场需求不相匹配。根据市场需求而新建或改扩建的厂商不会选择与远离市场的落后技术和工艺配套，因此，东北地区大型国有企业在工艺和设备更新滞后的情况下，缺乏对要素的吸引力。经过一个多世纪的过度开采，东北的许多资源（如有色金属、煤炭、石油、木材等）已经无优势可言，有些甚至已经枯竭。具体表现为以自然资源为基础而建设的众多城市，如辽宁省的鞍山、抚顺、本溪、阜新、盘锦、北票、南票、大石桥和调兵山，吉林省的吉林、辽源、延边、通化和白山，黑龙江省的大庆、伊春、大兴安岭、鹤岗、双鸭山、鸡西和七台河等城市，形成了大面积的难以解决的“资源枯竭地区”问题[115]。东北地区资源优势的失去，对要素的吸引力大幅下降。要素的集聚动力不强，影响了产业集群的形成与发展。

6.4 本章小结

东北地区具有诸多有利于产业集群形成的优势，软环境方面包括振兴东北的政策优势和国内外产业转移的良好机遇。除了环境优势以外，东北地区具有自身的内部优势，例如独特的区位优势、自然资源优势、具有较强的产业基础、完善的基础设施，以及长期以来积累了大量的人力资本优势等。东北应充分发挥自身的优势，抓住机遇，促进产业集群的快速形成。

阻碍要素集聚的因素是产业集群形成与演化的影响因素，影响东北地区产业集群形成与演化的因素分为软因素和硬因素，软因素包括根植性地区文化、制度变迁、现行制度、企业社会网络资源；硬因素在本书中主要涉及东北地区产业和企业的状况与特点。硬的影响因素一旦形成，有些具有无法修复的特点，即使在理论上有些可以修复，但需要付出巨大的经济和社会成本，以及较长的时间周期。相对来说，地区文化、制度、企业社会网络资源的培育成本较低，而且能够在一定程度上弥补硬因素的不足，但软环境的培育也需要一定的时期。现时期东北地区应该更为注重软环境的培育，以吸引要素的集聚，当然，在项目引进、投资、产业政策、财税政策等方面，也要努力优化产业结构和经济结构，从而有利于产业集群的形成和发展。

第 7 章　东北地区产业集聚动力研究——以沈阳市战略性新兴产业为例

战略性新兴产业的发展对于调整产业结构、转变经济增长方式、促进经济可持续发展，具有重要的意义。沈阳是东北老工业基地，具有良好的工业产业基础。当下，由于几十年粗放的经济增长方式，使得沈阳正面临着转变经济增长方式、调整产业结构升级的双重压力。加快培育和发展战略性新兴产业，对于推进沈阳市产业结构的优化升级、转变经济增长方式、促进经济可持续发展，具有重要的现实意义。对沈阳战略性新兴产业集聚发展路径的研究，有助于把握沈阳战略性新兴产业的成长机理和发展规律。

7.1　战略性新兴产业特征分析

战略性新兴产业的科技含量高、成长潜力大、经济效益好，具有较强的辐射带动作用，对国民经济和社会发展具有战略性的支撑作用。战略性新兴产业是创新驱动型的新兴产业，代表科技创新与新的市场需求方向。战略性新兴产业具备如下特征。

① 技术的不确定性。技术创新是战略性新兴产业发展的核心。很多产业的技术路线还处于逐步探索中，同时战略性新兴产业发展所需技术为高端科学技术，没有可以引进或者效仿的途径，只能通过自身的研发攻坚实现。因此，战略性新兴产业的发展面临着技术研发的高度不确定性和高昂的研发投入。

② 市场的不确定性。市场需求是战略性新兴产业发展的重要推动力。战略性新兴产业产品市场的不确定性的主要体现如下。首先，市场需求和容量的不确定性，在新技术、新产品和产品新功能方面，充满了市场容量的不确定性。除此之外，用户的转换成本、消费习惯及偏好、企业的市场策略等因素，都会使战略性新兴产业产品市场受到影响。其次，市场需求要滞后于技术创新，这使得很多企业没有能力支持科技研发产业化，直至形成广阔的市场，就中途放弃。最后，科技创新成果转化率低，即有一些技术是非常先进的，但是

也未必具有经济性的用途。

③ 高投入性。战略性新兴产业的高投入性体现在科技研发成本高、市场开发难度大、商业模式不成熟、相关配套不完善，以及原材料和零部件短缺且价格高昂等方面，这无疑需要有持续大量的资金作为战略性新兴产业发展的支撑。

④ 研发的正外部性。战略性新兴产业是跨领域的多学科高度交叉和深度融合的产业，在战略性新兴产业发展的诸多先决条件中，基础研究的突破成为战略性新兴产业发展的基础。而基础性研究具有公共物品正外部性的特性，技术创新者不能获得创新所产生的完全收益，因而会导致创新活动的供应不足。

⑤ 产业化的正外部性。战略性新兴产业新技术研发对企业带来了诸多不确定性和风险。但从国家角度看，本国企业的产业化提高了本国整体产业技术水平，打破了跨国公司的垄断，降低了产品价格，提高了整个国家的福利水平，这使得战略性新兴产业具有正外部性的特征[116]。

基于战略性新兴产业的诸多特征，对战略性新兴产业所处的每一个阶段都应予以正确的判断和指导。

在起步阶段，产品市场已经具有雏形，核心技术开发尚不成熟，配套设施和产业政策尚不完善，相关体制机制尚不健全等。在这一阶段，政府的作用尤为重要。通过政府指导、投资及制定相关产业扶持政策，为战略性新兴产业创造了发展环境和市场需求，从而助推战略性新兴产业的发展。

在成长期，战略性新兴产业的生产技术路线已经明确，产业初具规模，产品市场初具规模，具有部分消费群体，市场结构和政策环境趋于完善。在这一阶段，逐渐有企业进入，市场规模和消费群体也会逐渐扩大，这时战略性新兴产业的主要发展驱动力量应以市场为主，政府的主要职能应是加强调控和监管作用，而减少过度的干预。可以通过政策调控为企业创造良好的发展、竞争环境，提供公共服务，进一步完善配套设施，为产业发展培养技术创新人才，促进企业与科研院所的交流合作；同时应加强监管工作，完善市场健康运转的体制机制建设，为企业的发展创造良好的环境。

在成熟期，生产技术已经成熟，产品市场趋于稳定，并具有一定的市场规模和消费群体，有完备的产业政策和相关配套设施，整个战略性新兴产业趋于饱和。在这一阶段，由于没有了技术壁垒，会有大量的企业涌入，使得产业趋于饱和，产业利润率开始降低，逐渐产生企业间的合作兼并，最终会导致垄断竞争格局。这一阶段，政府的调控重点在于避免产生行业垄断而导致技术创新速度缓慢、经济效益下降、管理体系落后等问题出现。

7.2　战略性新兴产业集聚动力因素分析

战略性新兴产业的诸多特征决定了其在发展过程中要面临诸多的风险及不确定性，单个企业投融资、技术创新研发、信息资源获取、抵抗风险等能力十分有限，这使得企业倾向于朝着市场前景广、扶持政策好、科技水平高、融资渠道宽、信息资源丰富等有利于企业发展的区域集聚。

① 协同创新的需求。战略性新兴产业处于高技术产业前端，其发展水平代表了一国的技术创新能力和科技综合发展水平。在战略性新兴产业中，企业的技术水平不仅体现了企业技术创新的能力，而且是企业进一步发展的基础。战略性新兴产业对技术创新的依赖使得其在发展过程中对技术与智力要素的需求要大大超过对其他生产要素的需求。然而，单个企业的技术创新能力与精力有限，战略性新兴产业发展所需的技术是跨领域的多学科高度交叉和深度融合的技术，这决定了战略性新兴产业不可能也不应该孤立地发展，需要完善的产学研合作技术创新发展机制，通过技术联盟，实现产学研各主体间的密切联系，增加组织间的交流与合作，拓宽企业创新资源的获取。

② 信息资源的需求。信息资源是战略性新兴产业发展的命脉，对生产与科研前沿技术信息及时有效的反馈，可以促进企业及时地进行结构调整，赢得市场竞争的主动权。战略性新兴产业发展过程中呈现出对信息资源的强烈需求，使其倾向于朝着信息资源丰富、获取便利的区域集聚[117]。

③ 市场需求。市场需求是战略性新兴产业发展的驱动力，地区战略性新兴产业产品市场的形成有助于战略性新兴产业向本地区集聚，进而形成产业集群。战略性新兴产业是新兴技术与新兴产业的深度融合，战略性新兴产业代表着产品市场的需求趋势。即便处于战略性新兴产业的萌芽期，市场通过价值规律和市场机制对战略性新兴产业的形成与集聚也会产生重要的拉动作用。此外，有效、及时的市场需求信息是企业在制定发展战略时的重要参考依据。因此，战略性新兴产业倾向于朝着利好的市场前景、有效的产品市场需求、信息传播快且易获取的区域集聚。

④ 寻求金融支持的需求。战略性新兴产业是以科技研发为先导的高投入、高风险产业，现代金融体系在战略性新兴产业集聚发展过程中发挥着重要的支

撑、保障作用。完善的金融支撑体系为战略性新兴产业所需的资本要素提供了支撑、保障，会促使那些研发密度高、资本密度大、高风险投入的战略性新兴产业朝向本地区集聚[118]。因此，战略性新兴产业倾向于朝着融资渠道宽、金融支撑体系完善、有金融扶持政策机制的区域集聚。

⑤ 产业政策。战略性新兴产业是政策驱动型产业，因其技术的前沿性、市场的不定性、发展的前瞻性、较强的关联性、国家的战略性等特性，需要政府长期培育。战略性新兴产业发展中存在诸多市场失灵的领域，如研发的正外部性、产业化的正外部性、高投资风险、产品市场的开发和推广存在障碍等问题，需要中央和地方政府运用政策手段，统筹规划，科学部署，积极引导，从而弥补市场机制的不足，引导和推动战略性新兴产业中企业的发展，进而形成具有国际竞争力的产业集群。因此，战略性新兴产业中企业倾向于有产业扶持政策、地方政府有作为的区域集聚[119-120]。

7.3 沈阳战略性新兴产业集聚的环境分析

7.3.1 沈阳战略性新兴产业集聚的产业环境

沈阳市是东北地区的经济和文化中心，城市化水平高达71%，科研水平全国领先，已经步入国家创新型城市试点行列。目前，沈阳市国内生产总值占全省近1/4；沈阳市工业门类达142个，约占全国工业总门类的85%，企业的技术水平全国领先、科技研发人力资源丰厚，其高端装备制造产业主要集中在铁西区，集聚了较多的大中型国有企业，如沈阳机床股份有限公司、沈阳鼓风机集团股份有限公司、北方重工集团有限公司、特变电工股份有限公司等，已经形成了先进的装备制造业集群雏形。沈阳市是我国最早从事专业航空航天产业的城市，不仅具有沈飞集团和黎明公司等大型先进的国有航空门类企业，沈阳航空航天大学也为国内首批航空门类高校，为沈阳航空航天事业不断输送人才；沈阳市航空航天产业园区和基地大多集中于沈阳北部，拥有各类航空航天企事业单位36户、科研院所4所，配套设施和门类齐全。沈阳市北部的康平、法库两县为沈阳市乃至辽宁省风能资源丰富区，为沈阳市发展风电能源产业提供了现实基础，目前，沈阳市在康平、法库两县已经建成风电场；同时，沈阳市拥有众多的太阳能设备制造企业，为太阳能产业的发展创造了有利条件。沈阳市拥有众多的生物医药工程技术研究中心、重点实验室及高等院校，为沈阳发展生物医药产业提供了支撑和保障；同时，各相关企事业单位、院校也为沈阳市生物医药产业的发展输送了大批的科技人员，为沈阳市生物医药产业的发展奠定了坚实的基础。沈阳市大力发展节能环保产业，目前已经形成了 6 类 124 个环保产品品种，其节能环保产业主要集中在西南部中法节能环保产业园，园区规划面积为 30 平方千米，采取开放式发展模式，与拥有相关先进技术的国家进行合作。为实现互利共赢，沈阳浑南信息产业园区已集聚 600 多家电子信息产业，并有一批骨干企业和科研院所的科技力量来支撑发展。此外，东陵区和沈抚同城工业区也正投资兴建新兴信息产业园区。沈阳市新材料产业基地坐落于浑南新区，以中国科学院沈阳金属研究所、一批具有雄厚实力的骨干企业（沈阳化工集团公司、沈阳中恒新材料公司等），以及高等院校（沈阳化工大学、沈阳工业大学等）为产业基地发展的支柱力量，主要以生产纳米材料、合金材料、化工材料、磁性材料等为主，目前已经形成了比较完整的新材料产业链条。如此产业现实基础为沈阳市发展战略性新兴产业提供了良好的条件。

7.3.2　沈阳战略性新兴产业集聚的技术环境

① 科技基拙。沈阳市科技基础资源主要包括科技人才资源、科研院所及工程技术研发中心、高等院校与重点实验室等。截至 2013 年，沈阳共有 R & D 人员近 2.4 万人，各类专业技术人员 60.2 万余人，在数量、质量和竞争力等方面，均位居全国前列，沈阳市科技人才门类齐全，为沈阳市产业全面发展提供了坚实的人力资源基础；沈阳市共拥有 104 家独立的科研机构、206 个省级以上工程（技术）研发中心（其中国家级 14 个），以及 243 个省级以上重点实验室（其中国家级 14 个），为沈阳市科技创新研发提供了长足的保障。

② 科技实力。战略性新兴产业是高新技术产业，是科技驱动型产业，其发展主要依托科学技术创新。沈阳市创新能力连续多年位居全国前十，屡有重大科技研究成果突破。目前，沈阳市累计获得省级科技奖励 567 项、国家级科技奖励 49 项，拥有 60 多项世界级重大科技研究成果。2013 年专利申请总量达 13190 件（其中专利授权 6924 件），发明专利申请 7572 件。2013 年，沈阳市实现规模以上高新技术产品产值 5026 亿元，增长 8.8%，实现规模以上高新技

术产品增加值408.9亿元。

7.3.3 沈阳战略性新兴产业集聚的制度环境

① 政府作用力。战略性新兴产业是政策驱动型产业，这是由自身涵有的特性所属，政府作为战略性新兴产业发展的重要外部助推器，对战略性新兴产业发展起到宏观导向性作用。2016年，沈阳市出台了《沈阳市人民政府关于进一步壮大战略性新兴产业的实施意见》，明确了沈阳市战略性新兴产业发展目标、任务和相应的措施。

② 金融体系建设。战略性新兴产业是以科技研发为先导的高投入、高风险产业，现代金融体系在战略性新兴产业集聚发展过程中，发挥着重要的支撑、保障作用。地区完善的金融体系有效地促进了资源配资的优化，对地方产业的发展起到重要的支撑作用。目前，沈阳市的资本市场和金融体系已迈向成熟，沈阳市新兴产业企业可以通过多渠道向银行、金融、风险投资机构及民间借贷机构募集发展所需资金；一些金融机构也相继出台鼓励战略性新兴产业发展的融资举措；政府进一步推进融资体系建设，积极搭建投融资平台，制定相关的财税扶持政策，保障了整个金融体系运转通畅。沈阳市扩大新兴产业（创业）投资基金规模。密切跟踪国家、省产业投资基金设立方向，充实完善新兴产业（创业）投资基金，做大直接融资平台。探索设立融资担保基金，引导社会资本更直接、更大规模地投入处于初创期、成长期的新兴产业和新兴业态企业，服务大众创业、万众创新和产业结构优化升级，为新兴产业、新兴业态发展壮大提供了资金支撑。

③ 科技平台与科技信息建设。对新获批的重点实验室、工程研究中心、工程实验室、企业技术中心、工程技术研究中心或检测中心等各类国家级、省级创新平台，适度提高奖励补助额度。鼓励各类创新平台利用人才、技术、设备等资源优势，向社会开放共享，实现社会化公共服务，为大众创业、万众创新提供技术支撑。对企业到指定服务机构开展检验检测、工艺验证、产品研制、试验研究、科技咨询等科技创新服务活动的，按照一定比例给予奖励补助。广泛发布沈阳高等院校、科研院所、科技企业等创新资源信息和人才招聘、交流与培训信息，产学研合作信息，政府在土地、财税等方面的政策信息，在政府部门间、科研机构与企业间、企业与企业间搭建沟通桥梁。

④ 构建鼓励创新的利益驱动机制。鼓励在沈高校和科研院所的科研人员

以科技成果入股、风险投资介入、创办企业、兼职从事企业服务和科技活动，促进各类技术、人才和科技成果向新兴产业转移与转化应用。

⑤ 土地政策。明确新兴产业、新业态用地类型，采用差别化用地政策，运用多种方式，优先安排新兴产业发展用地，促进新兴产业集聚发展。鼓励盘活利用现有土地，构建大众创业、万众创新等创业孵化平台。

⑥ 创新企业扶持政策。将企业研发等软投入纳入新兴产业专项资金支持范围；适度提高市新兴产业发展专项资金对新兴产业重点项目和园区，以及国家创新型城市重点项目的奖励补助额度；增加新兴产业发展专项资金规模，重点安排支持新兴产业重点项目、园区、国家创新型城市重点项目、创新创业项目、新业态等沈阳市重点项目，鼓励企业加大投资和创新投入。

7.4　沈阳战略性新兴产业集聚动力机制分析

动力机制是指驱动企业集聚和演化发展的力量结构体系及其运行规律，是企业集聚研究的核心问题。本章通过解析战略性新兴产业中企业集聚动力系统，揭示系统中各组成要素的作用机制，并构建战略性新兴产业中企业集聚动力机制的研究模型，对影响沈阳战略性新兴产业中企业集聚动力进行定量分析，力图为沈阳战略性新兴产业中企业寻求科学合理的发展模式。

7.4.1　战略性新兴产业中企业集聚动力分析

7.4.1.1　战略性新兴产业中企业集聚系统的结构分析

战略性新兴产业中企业的集聚系统是产业要素在一定空间上的集聚形成的地域要素系统，集聚系统内部要素和外部要素之间不断进行着要素的交换与整合，最终形成了战略性新兴产业中企业集聚系统[121]。本书将战略性新兴产业中企业集聚系统划分为内核系统和调控系统。其中，内核系统是战略性新兴产业中企业集聚的内在自发力量，对战略性新兴产业的发展起到基础性支撑作用，其相对稳定，体现了产业的根植性特点；调控系统由战略性新兴产业中企业集聚的诸多外部性因素组成，具有明显的动态可调控性特征，其对企业集聚的作用效果既可促进也能制约，可以通过调节方式引导战略性新兴产业的集聚发展。内核系统和调控系统二者相互融合，相辅相成，共同组成战略性新兴产业中企业集聚发展的动力系统[122]。如图 7.1 所示。

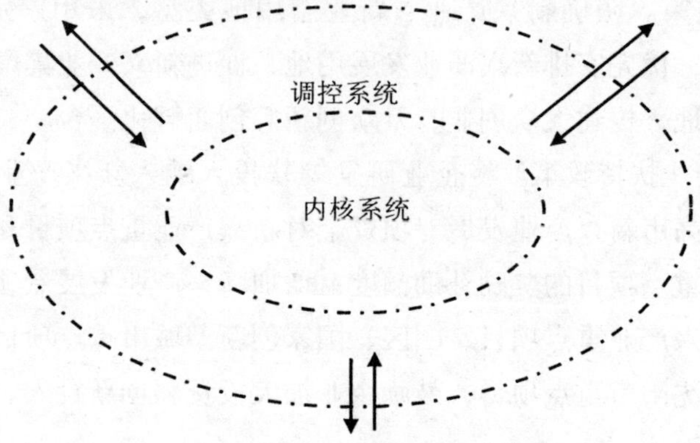

图 7.1　企业集聚系统结构示意图

内核系统和调控系统分别由各自的子系统组成，每个子系统又包含不同的要素，要素由不同的指标来体现。不同要素之间相互作用，系统与系统之间不断交互影响，共同组成了战略性新兴产业企业集聚的系统结构。如图 7.2 所示。

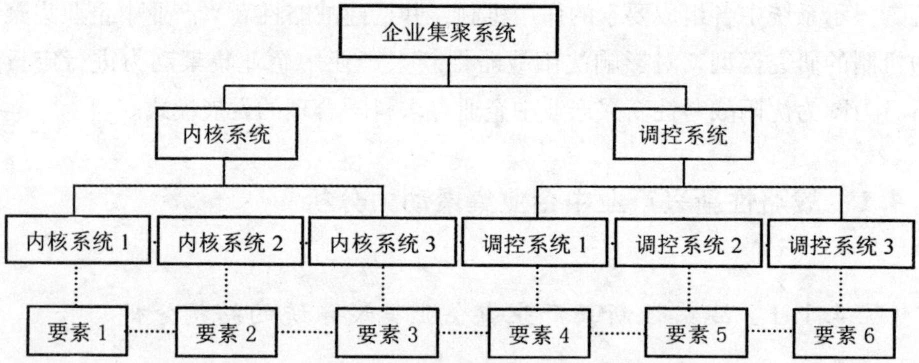

图 7.2　企业集聚系统要素组成与结构解析示意图

7.4.1.2　战略性新兴产业中企业集聚动力要素分析和指标体系构建

根据战略性新兴产业集聚系统的结构分析，参考战略性新兴产业中企业的特征及集聚特点分析，影响战略性新兴产业中企业集聚的因素有环境要素、产业要素、腹地市场要素、区位要素、政策要素、创新要素、市场开放要素七项要素。其中，前三项要素是战略性新兴产业中企业集聚的自发内在力量，对战略性新兴产业中企业的发展起到基础性支撑作用，属于战略性新兴产业中企业集聚的内核系统；后四项要素是影响战略性新兴产业中企业集聚发展的外部性因素，具有明显的动态可调控性特征，属于战略性新兴产业中企业集聚调控系统。七项要素由相应的指标体现，共同构成了完备的战略性新兴产业中企业集聚动力机制评价指标体系[123-124]。

表 7.1　　战略性新兴产业中企业集聚动力机制研究的指标体系

目标系统	一级系统	子系统	指标
战略性新兴企业集聚系统	内核系统（I）	环境要素（I_1）	工业固体废物综合利用率（I_{11}）
		产业要素（I_2）	第二次产业占 GDP 比例（I_{21}）
			规模以上工业企业区位商（I_{22}）
		腹地市场要素（I_3）	城市腹地范围（I_{31}）
			城市居民人均可支配收入（I_{32}）
	调控系统（R）	区位要素（R_1）	城市交通区位优势度（R_{11}）
		政策要素（R_2）	固定资产投资占 GDP 比例（R_{21}）
			R & D 经费支出占 GDP 比例（R_{22}）
			高技术企业固定资产投资占 GDP 比例（R_{23}）
		创新要素（R_3）	全年专利申请量（R_{31}）
			R & D 活动人员数（R_{32}）
			高新技术企业数（R_{33}）
			规模以上工业企业内部 R & D 支出（R_{34}）
			规模以上高新技术产品产值（R_{35}）
		市场开放要素（R_4）	利用外资金额（R_{41}）
			经济外向度（R_{42}）

① 环境要素。产业的发展受到资源环境的限制，资源的有限性要求必须转变粗放的经济增长方式，增强资源环境对产业发展的承载能力。战略性新兴产业以技术创新驱动产业的发展，是资源节约型、环境友好型产业，因而代表着当今产业的发展方向。地区的环境要素也无疑影响着企业、人才资源等产业要素向本地区集聚，环境要素对战略性新兴产业的发展也起到基础性支撑作用。因此，本书将环境要素作为战略性新兴产业中企业集聚的内核动力。

工业固体废物综合利用水平体现了地区综合回收利用固体废物的能力及地区环保水平，是能很好地衡量地区环境要素的一项指标，因此，选择此项指标来衡量一个地区的环境要素。其计算方式为：

$$\text{工业固体废物综合利用率}=\text{工业固体废物综合利用量}\Big/\left(\text{工业固体废物产生量}+\text{综合利用往年贮存量}\right)\times 100\%$$

② 产业要素。战略性新兴产业是新兴技术和新兴产业的深度融合，重大技术突破和重大发展需求是其发展基础，因而，战略性新兴产业的选择与发展必然需要一定的产业基础作为支撑，产业要素对战略性新兴产业的发展也起到基础性支撑作用。因此，本书将产业要素作为战略性新兴产业中企业集聚的内核动力。

战略性新兴企业大都由传统企业依靠技术创新、改造升级传统产业演变发展而来，第二产业是结合了资源密集、资本密集、知识密集型产业，地方第二产业的发展水平在很大程度上决定了本地区战略性新兴产业中企业集聚发展的可能。

区位商理论能判断一个产业是否构成地区专业化部门。地区规模以上工业企业区位商指标衡量了地区工业企业的专业化水平，也体现了地区工业企业相对集中的程度。

因此，本书选择此二项指标来衡量地区的产业要素。

③ 腹地市场要素。腹地市场环境在一定程度上体现了城市的基本综合发展水平，是一个很好的城市发展测度指标。本书选择腹地市场要素作为战略性新兴产业中企业集聚的内核动力，是因为该要素既可以衡量战略性新兴产业发展的基础状况，又可以体现潜在的战略性新兴产品消费市场（市场需求是战略性新兴产业中企业发展的重要推动力），是战略性新兴产业中企业在某地区集聚发展时所不可忽视的重要因素。

城市的性质和规模与该城市腹地的大小和腹地经济特征有密切的关系，城市腹地范围体现了城市的综合竞争力（本书用城市总人口数衡量该项指标）。

城镇居民人均可支配收入水平体现了一个地区的国民经济发展水平。可支配的收入越多，居民消费水平越高，这无疑也为战略性新兴企业的产品市场提供了保障。

因此，本书选择此二项指标来衡量一个地区的腹地市场要素。

④ 区位要素。中心外围模型将运输成本的节约表述为企业实现规模经济的因素之一，这无疑表明了区位要素对产业集聚发展的重要性。战略性新兴产业的发展离不开良好的区位要素作为支撑，而区位要素也具有明显的动态可调控性特征。因此，本书将区位要素作为战略性新兴产业中企业集聚的调控动力。

城市交通区位优势度衡量了地区的区位发展程度，因此，文书选择此项指标衡量区位要素。本书用公路、水运、铁路、航空四项来衡量地区交通区位优势度，根据货运量的吨位数量，分别予以 4、3、2、1 权重，在下文的实证分析中，采取九级标度法进行测算。

⑤ 政策要素。战略性新兴产业是政策驱动型产业，这由战略性新兴产业的特征所决定。因此，本书将政策要素选定为战略性新兴产业中企业集聚的调控动力。

地方的固定资产投资占 GDP 的比例体现了地区资本存量的增长速度，是地方政府财政政策的重要体现。

R & D 经费支出体现了地方 R & D 经费支出对本地区 GDP 的贡献率，是衡量地方对科技研发的重视度、政策导向和科技发展水平的一项重要指标。

高新技术企业固定资产投资越大，企业资本存量的增长速度越快，高技术企业固定资产投资是衡量高新技术企业发展水平的一项经济指标，高技术企业固定资产投资占 GDP 的比例体现了高技术企业固定资产投资对 GDP 的贡献率，体现了高新技术企业发展战略的策略导向。

因此，本书选择此三项指标来衡量地区的政策要素。

⑥ 创新要素。技术创新是战略性新兴产业中企业发展的核心驱动力，战略性新兴产业中企业对密集型技术知识的依赖特征使得其发展必然需要新兴技术的发展与突破，地区良好的创新环境也必然会吸引战略性新兴产业中企业的集聚。因此，本书将创新要素作为战略性新兴产业中企业集聚的调控动力[125]。

专利申请量指专利机构受理技术发明申请专利的数量，是一个地区科技研发活跃度的重要体现。地区的专利申请数量越多，表示该地区的创新能力越高，地区的科技研发就越有活力。

R & D 活动人员数是衡量一个地区范围内科技研发人力资本存量。R & D 活动人员数越多，表示一个地区用于研发和创新活动的人力资本越多，地区经济发展就越有活力。

高新技术企业是从事高端科技研发和高端产品生产的企业，高新技术企业代表了产业技术的发展方向，在一定程度上反映了一个地区的科技水平，为地区战略性新兴企业的发展提供了基础。

规模以上工业企业内部 R & D 支出反映了规模以上工业企业内部用于科学技术研发的资金数，衡量了一个企业对技术研发的重视程度和对新技术、新产品的需求，也是判定一个企业是否高技术企业的评定指标。

高新技术产品产值是评价高新技术成果转化率的标准，是对科学研究与技术开发所产生的具有实用价值的科技成果的体现，代表了一个地区技术成果转化率水平和高新技术产业的发展水平。

因此，本书选择此五项指标来衡量地区的创新要素。

⑦ 市场开放要素。战略性新兴产业的发展面临着巨大的风险，这必然需要充分的要素投入和交流合作，良好的市场开放环境对战略性新兴产业的发展起到促进、推动作用。因此，本书将市场开放要素作为战略性新兴产业中企业集聚的调控动力。

合理地引进、利用外资，可以为地区经济的发展注入活力。利用外资金额体现了本地区吸引外资的能力，代表了地区生产技术发展水平和地区产业综合发展水平。地区的生产技术水平越高，产业综合发展水平越快，越能吸引外资对本地区进行投资。

经济外向度是指一个国家或地区的进出口贸易额占国内（地区）生产总值的比重。它反映了一个国家或地区的产业融入国际产业链的程度，是衡量一个国家或地区开放型经济发展规模和发展水平的宏观指标。一个国家或地区的经济外向度高，说明这个国家或地区的产业融入国际产业链程度越高，产业的规模和发展水平也越高。

因此，本书选择此两项指标来衡量地区的市场开放要素。

7.4.2 战略性新兴产业中企业集聚动力研究的 PAF 模型

PAF（Parallellaw，Analtic hierarchy process，Fuzzy membership function）即企业集聚动力机制研究模型结合了矢量平行四边形法则、层次分析法和模糊隶属度函数模型，该模型能够在定量求解的基础上，分析战略性新兴产业中企业集聚的动力机制与所应采取的合理发展模式[126-127]。

7.4.2.1 矢量平行四边形法则

根据内核系统和调控系统的内涵解释，该模型认为，内核系统诸要素对产业集聚系统只起到正向驱动作用，并假定内核驱动力所指方向为产业集聚发展的正方向；调控系统所形成的调控驱动力，既可能促进也可能制约产业集聚的发展，因此，既存在力量的强弱，又存在力量的方向性。内核驱动力、调控驱动力的合力是促进战略性新兴产业中企业集聚发展的综合动力，三者具有方向性和数量性，符合物理学上的矢量特征，可以应用平行四边形法则求解。根据内核驱动力和调控驱动力的不同组合，可以形成四种不同的情景。如表 7.2 和图 7.3 所示。

表 7.2　　企业集聚动力机制分析示意表

情景	企业集聚发展态势	综合动力 F	F_R 所在象限	动力状态	机制分析
情景一	稳步增长	$F=OF=OR+OI$	一	$F_I>0$ $F_R>0$ $F>0$	$F_I>F_R$，内核动力起支配作用
情景二	快速增长	$F=OF=OR+OI$	一	$F_I>0$ $F_R>0$ $F>0$	$F_R>F_I$，调控动力起支配作用
情景三	缓慢增长	$F=OF=OI-OR$	二	$F_I>0$ $F_R<0$ $F>0$	$F_I>F_R$，说明尽管调控动力是负效应，内核动力仍然在维系经济的缓慢增长
情景四	经济衰退	$F=OF=OI-OR$	二	$F_I>0$ $F_R<0$ $F<0$	$F_I<F_R$，说明调控动力制约了经济发展，造成经济衰退，现实中应该不存在这种现象

在图 7.3 中，F 是企业集聚发展的综合动力；F_R 是调控动力；F_I 是内核动力；α 是调控动力与 X 轴的夹角。该模型有如下假设：将 X 轴的正方向定义为企业集聚内核动力 F_I 的方向。当 F_R 处在第一象限时，其数值为正；当 F_R 处在第二象限时，其数值为负。特殊说明，当 $\alpha=0°$时，$F=F_I+F_R$，说明 F_R 具有最强的促进作用；当 $\alpha=180°$时，$F=F_I-F_R$，说明 F_R 具有最强的制约作用。

由表 7.2 分析可知，求解 F_I 和 F_R 的大小以及 F_R 的方向，成为企业集聚动力机制与模式研究的技术关键。

(1) F_I 和 F_R 的大小

本书选择模糊隶属度函数模型，对战略性新兴产业中企业集聚动力系统各要素指标进行标准化处理，对于内核系统各要素指标直接进行加权求和，得到

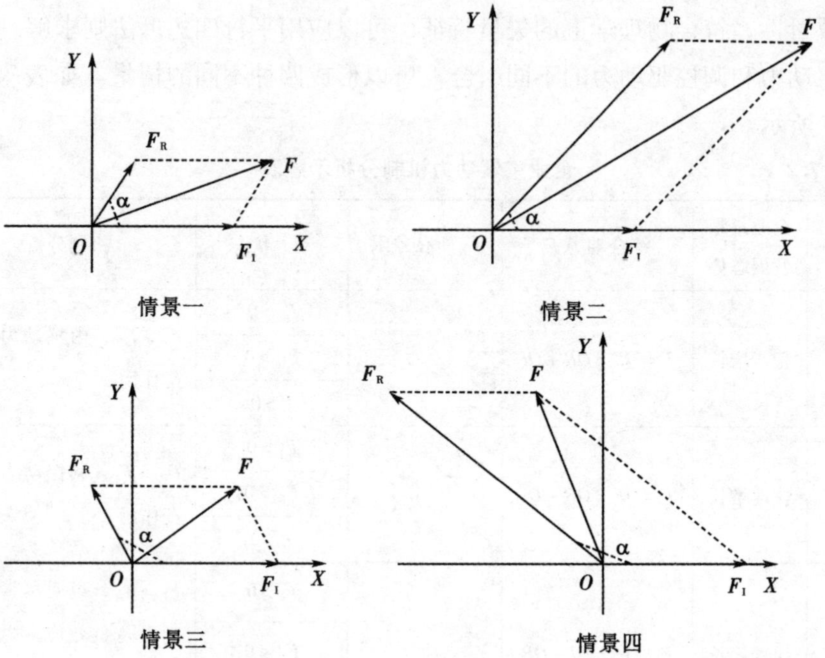

图 7.3　企业集聚动力机制情景分析

内核动力 F_I 数值；而 F_R 既有大小又有方向，可以首先对各要素进行标准化处理，然后确定各要素指标的方向，最后对各组成要素指标进行平行四边形法则运算，求得矢量 F_R 的值。

(2) F_R 的方向

调控动力方向的确立需要借助层次分析法。首先，F_R 由不同的要素组成，每个要素对企业集聚的发展有不同的调控作用，且都具有方向和大小，可以采用平行四边形法则求和得到调控动力（如图 7.4 所示，图中 OF_{RN} 分别表示不同的调控分动力）。其次，要明确调控动力方向的含义。如图 7.5 所示，当 F_R 与 X 轴正方向的夹角由 0 增加到 π 时，根据平行四边形法则，合力 F 由 F_{max} 经由 F_I 减小到 F_{min}，而且是一直减小的趋势，反映的动力学意义：当 F_R 对企业集聚的带动能力越强，那么它与 X 轴正向的夹角 α 的角度就越小（对于调控动力所包含的每个单独要素指标，其角度也存在与 F_R 角度类似的意义）。再者，不同的要素对企业集聚促动作用有不同的权重，权重大的要素对企业集聚的促动作用就强，该要素的矢量方向与 X 轴正向的夹角就小；权重小的要素对企业集聚的促动作用就弱，该要素的矢量方向与 X 轴正向的夹角就大。因此，

要素的矢量方向与 X 轴正向的夹角，与该要素对企业集聚的影响权重之间存在函数关系：

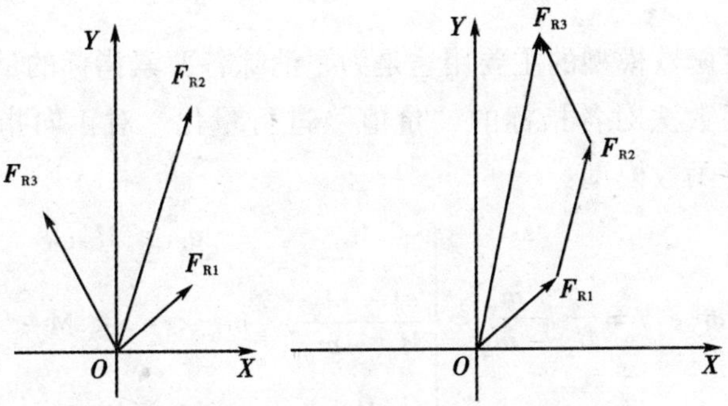

图7.4　调控动力分解示意图

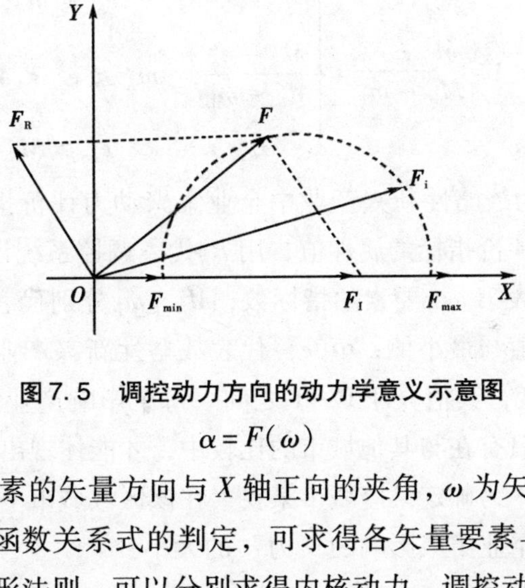

图7.5　调控动力方向的动力学意义示意图

$$\alpha = F(\omega) \tag{7.1}$$

式(7.1)中，α 为要素的矢量方向与 X 轴正向的夹角，ω 为矢量要素对企业集聚的影响权重。由此函数关系式的判定，可求得各矢量要素与 X 轴正方向的夹角，结合平行四边形法则，可以分别求得内核动力、调控动力和综合动力。而各矢量要素对企业集聚的影响权重则需要借助层次分析法求得[128]。

7.4.2.2　层次分析法

通过构建层次分析模型，求解各矢量指标对所属上层系统（子系统）的影响权重，结合矢量要素夹角与权重的函数关系公式，计算出各矢量指标与 X 轴正方向的夹角，最终使得调控动力和综合动力的求解变为可能。运用层次分析法求解过程中，结合了人们的主观判断，因而存在一定的随意性，为了克服这种缺点，在实际运用过程中，对要素层次结构模型的建立和对各因素间重要程度的判断，需综合多位专家的不同意见。

7.4.2.3 模糊隶属度函数模型

模糊隶属度函数模型的主要用途是为了消除各要素指标的量纲。因此，采用模糊隶属度函数法对各指标的“价值”进行量化。对正向指标，采用半升梯形模糊隶属度函数模型：

$$\phi(e_{ij})=\frac{e_{ij}-m_{ij}}{M_{ij}-m_{ij}}=\begin{cases}1, & e_{ij}\geqslant M_{ij};\\ \dfrac{e_{ij}-m_{ij}}{M_{ij}-m_{ij}}, & m_{ij}<e_{ij}<\mathrm{M}_{ij};\\ 0, & e_{ij}\leqslant \mathrm{m}_{ij}\end{cases} \tag{7.2}$$

对于逆向指标,采用半降梯形模糊隶属度函数模型：

$$\phi(e_{ij})=\frac{M_{ij}-e_{ij}}{M_{ij}-m_{ij}}=\begin{cases}1, & e_{ij}\leqslant m_{ij};\\ \dfrac{M_{ij}-e_{ij}}{M_{ij}-m_{ij}}, & m_{ij}<e_{ij}<M_{ij};\\ 0, & e_{ij}\geqslant M_{ij}\end{cases} \tag{7.3}$$

在模型中，e_{ij}为战略性新兴产业中企业集聚动力评价指标的具体属性值，用I_{ij}代表内核系统评价指标的属性值，用R_{ij}代表调控系统评价指标的属性值，i代表要素数，j代表第i个要素的指标数；M_{ij}，m_{ij}分别代表第i座城市第j个指标属性值的最大值与最小值；$\Phi(e_{ij})$代表战略性新兴产业中企业集聚动力i要素j指标的隶属度，其值介于0~1之间。每个影响产业集聚要素的大小是一个绝对的数值，只有在与其他城市的比较中，才能体现出实践意义。应用模糊隶属度函数模型，为确定某座城市某要素在该区域城市中的模糊隶属值提供了可能，体现了对企业集聚影响的“力”的大小。

7.4.3 沈阳市战略性新兴产业中企业集聚动力分析

应用如图7.6所示的PAF企业集聚动力机制研究模型对沈阳市战略性新兴企业集聚动力因素进行分析，选定沈阳、大连、哈尔滨、长春4座城市进行比对，通过查询各市统计年鉴、统计公报、中国知网数据库（www.cnki.net）等，获取相关的统计数据，得到具体指标数据统计值，如表7.3所示。

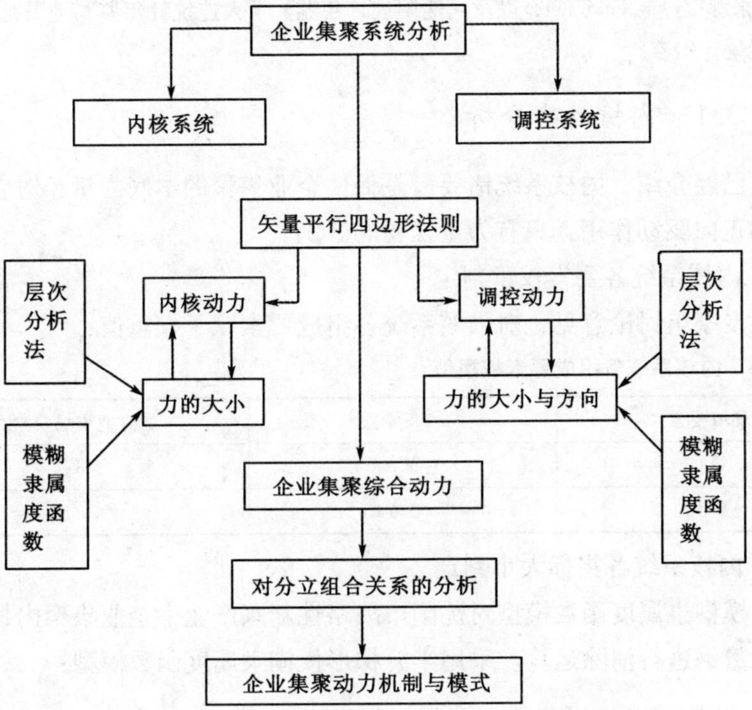

图 7.6 企业集聚动力机制与模式研究的 PAF 模型示意图

表 7.3 各市指标数据统计值

指　　标	沈阳	大连	哈尔滨	长春
工业固体废物综合利用率（I_{11}）/%	95.19	94.88	84.93	97.90
第二产业占 GDP 比例（I_{21}）/%	51.30	51.90	36	51.40
规模以上工业企业区位商（I_{22}）	1.43	1.05	0.39	1.06
城市腹地范围（I_{31}）/万人	724.8	590.3	993.5	756.9
城市居民人均可支配收入（I_{32}）/元	26431	27539	24838.5	22969.7
城市交通区位优势度（R_{11}）	0.6	1	0.45	0.42
固定资产投资占 GDP 比例（R_{21}）/%	85.10	80.70	86.80	71.20
R & D 经费支出占 GDP 比例（R_{22}）/%	2.14	1.47	1.67	1.50
高技术企业固定资产投资占 GDP 比例（R_{23}）/%	2.44	1.90	1.79	5.18
全年专利申请量（R_{31}）/件	12899	11149	15622	6165
R & D 活动人员数（R_{32}）/万人	2.4	3.7	1.7	2.3
高新技术企业数（R_{33}）/个	766	2076	276	723
规模以上工业企业内部 R & D 支出（R_{34}）/亿元	80.1	69.6	42.8	21.5
规模以上高新技术产品产值（R_{35}）/亿元	5026.6	5650	123.4	530
利用外资金额（R_{41}）/亿元	928.2	779.6	119.9	232.8
经济外向度（R_{42}）/%	12.20	57.80	7.40	27.90

数据来源：www.cnki.net，以及《沈阳统计年鉴》《大连统计年鉴》《黑龙江统计年鉴》《长春统计年鉴》。

7.4.3.1 内核动力分析

前文已经介绍，内核系统诸要素是促使企业集聚的本底力量，对企业集聚系统起到正向驱动作用，只有力量强弱的区别。

（1）内核系统各要素权重判定

综合专家组讨论意见，对内核系统各组成要素赋予权重值：

表7.4 内核系统各组成要素权重值

环境要素	产业要素	腹地市场要素
W_1	W_2	W_3
0.1	0.6	0.3

（2）内核系统各指标大小判定

根据模糊隶属度函数模型对沈阳市战略性新兴产业中企业集聚内核动力的各项指标量纲进行消除运算。采用半升梯形模糊隶属度函数模型：

$$\phi(e_{ij})=\frac{e_{ij}-m_{ij}}{M_{ij}-m_{ij}}=\begin{cases}1, & e_{ij}\geqslant M_{ij};\\ \dfrac{e_{ij}-m_{ij}}{M_{ij}-m_{ij}}, & m_{ij}<e_{ij}<M_{ij};\\ 0, & e_{ij}\leqslant m_{ij}\end{cases}$$

在下文计算中，用I_{ij}代表内核系统评价指标属性值，Φ（I_{ij}）代表沈阳市战略性新兴产业中企业集聚内核动力 i 要素 j 指标的隶属度。应用半升梯形模糊隶属度函数模型，对沈阳市战略性新兴产业中企业集聚内核动力各指标进行量纲消除运算，得到沈阳市战略性新兴产业中企业集聚内核动力各指标数据隶属度值：

$\Phi(I_{11})=(0.9519-0.8493)/(0.979-0.8493)=0.79$；

$\Phi(I_{21})=(0.513-0.36)/(0.519-0.36)=0.96$；

$\Phi(I_{22})=(1.43-0.39)/(1.43-0.39)=1$；

$\Phi(I_{31})=(724.8-590.3)/(993.5-590.3)=0.33$；

$\Phi(I_{32})=(0.513-0.36)/(0.519-0.36)=0.96$。

（3）内核动力(F_{I})的判定

将各要素指标值加和后，乘以相应的权重值，再加权求和，可得沈阳市战略性新兴企业内核动力(F_{I})的值：

$$F_1 = \Phi(I_{11}) \times W_1 + [\Phi(I_{21}) + \Phi(I_{22})] \times W_2 + [\Phi(I_{31}) + \Phi(I_{32})] \times W_3 = 1.64$$

7.4.3.2　调控动力分析

（1）调控系统各指标权重值的判定

根据层次分析法，构建层次分析模型，计算调控系统各指标对相应子系统的影响权重。

根据层次分析法，构建层次分析结构图，如图7.7所示。

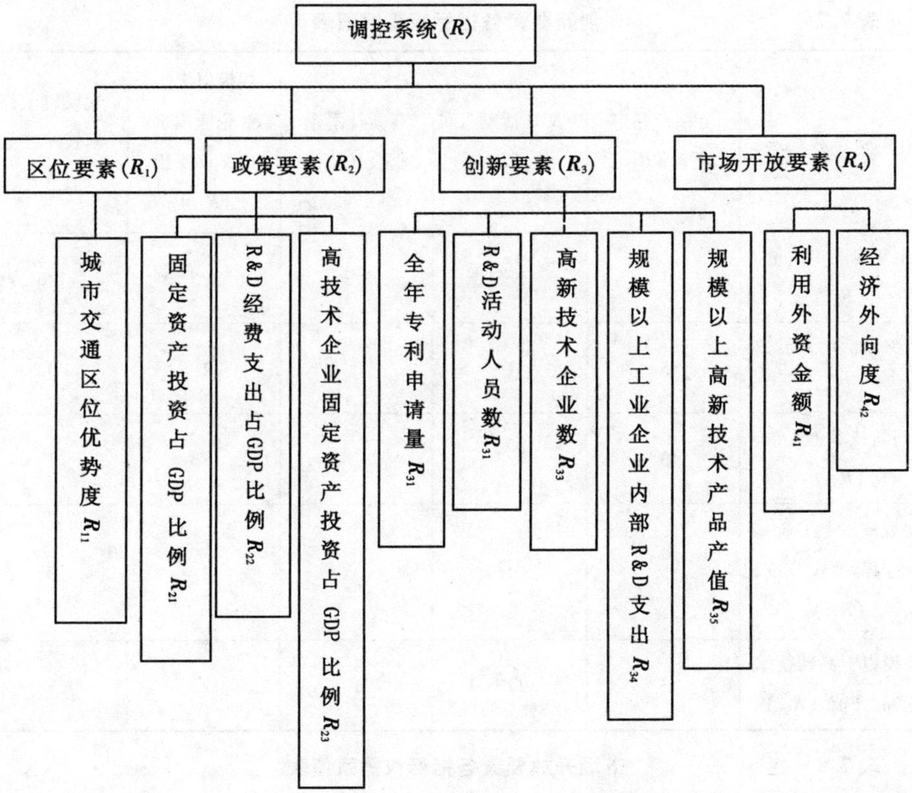

图7.7　调控系统层次分析模型

引入九级标度法，综合专家组讨论意见，对各要素及其各自涵盖的指标两两进行比对，予以赋值。具体判断矩阵如表7.5～表7.8所示。

表7.5　区位要素权重赋值表

区位要素 R_1	城市交通区位优势度 R_{11}
城市交通区位优势度 R_{11}	1

表 7.6　　政策要素各指标权重赋值表

政策要素 R_2	固定资产投资占GDP比例（R_{21}）	R & D 经费支出占GDP比例（R_{22}）	高技术企业固定资产投资占GDP比例（R_{23}）
固定资产投资占 GDP 比例（R_{21}）	1	1/5	1/3
R & D 经费支出占 GDP 比例（R_{22}）	5	1	3
高技术企业固定资产投资占 GDP 比例（R_{23}）	3	1/3	1

表 7.7　　创新要素各指标权重赋值表

创新要素 R_3	全年专利申请量（R_{31}）	R & D 活动人员数（R_{32}）	高新技术企业数（R_{33}）	规模以上工业企业内部 R & D 支出（R_{34}）	规模以上高新技术产品产值（R_{35}）
全年专利申请量（R_{31}）	1	1/5	1/3	1/5	1/3
R & D 活动人员数（R_{32}）	5	1	3	1	3
高新技术企业数（R_{33}）	3	1/3	1	1/3	1
规模以上工业企业内部 R & D 支出（R_{34}）	5	1	3	1	3
规模以上高新技术产品产值（R_{35}）	3	1/3	1	1/3	1

表 7.8　　市场开放要素各指标权重赋值表

市场开放要素 R_4	利用外资金额（R_{41}）	经济外向度（R_{42}）
利用外资金额（R_{41}）	1	1/3
经济外向度（R_{42}）	3	1

依据求和法，分别计算四个判定矩阵中各自要素间的权重（介于书写篇幅关系，现只列举政策要素中指标权重判定方法，其余要素均参照此法计算）。

政策要素矩阵为

$$\boldsymbol{A}=(1\quad 1/5\quad 1/3;\ 5\quad 1\quad 3;\ 3\quad 1/3\quad 1)$$

首先，将政策要素判断矩阵按列归一化：$b_{ij}=a_{ij}/\sum_i a_{ij}$，得到 **B** 矩阵各行向量：

$$\boldsymbol{B}_1=[0.111\quad 0.130\quad 0.077]$$

$$\boldsymbol{B}_2=[0.556\quad 0.652\quad 0.692]$$

$$\boldsymbol{B}_3=[0.333\quad 0.217\quad 0.231]$$

将 **B** 矩阵按行求和：$V_i=\sum_j b_{ij}$，得到 **V** 矩阵：

$$\boldsymbol{V}=(0.318\quad 1.900\quad 0.782)^{\mathrm{T}}$$

将 **V** 矩阵归一化，$W_i=V_i/\sum_i V_i\quad (i=1,2,\cdots,n)$，得到 **W** 矩阵：

$$\boldsymbol{W}=(W_1\quad W_2\quad W_3)^{\mathrm{T}}=(0.106\quad 0.633\quad 0.261)^{\mathrm{T}}$$

W_1 即为政策要素中 R_{21} 指标的权重，W_2 即为政策要素中 R_{22} 指标的权重，W_3 即为政策要素中 R_{23} 指标的权重。

其次，对政策要素判断矩阵进行一致性检验，具体步骤如下。

计算 **A** 矩阵的理论最大特征值 $\theta_{\max}=\sum_i \frac{AW_i}{w_i}/n$：

$$\boldsymbol{AW}=(0.318\quad 1.936\quad 0.758)^{\mathrm{T}}$$

$$\theta_{\max}=(1.936/0.633+0.318/0.106+0.758/0.261)\ /3=3.037$$

计算一致性指标 $CI=\frac{\theta_{\max}-n}{n-1}=0.0185$，查看平均随机一致性标准表，得到三阶平均随机一致性标准指数 $RI=0.52$，根据公式 $CR=\frac{CI}{RI}$（CR 为随机一致性比率），计算出 CR 值，并进行判定。一般认为，当 $CR<0.10$ 时，便认为判断矩阵具有可接受的一致性。

$CR=\frac{CI}{RI}=0.0185/0.52=0.0356<0.10$，从而判定此检验结果具有满意的一致性，得到政策要素中三指标对该要素影响的权重值，如表 7.9 所示。

表 7.9　　政策要素各指标权重值

政策要素 R_2	比重
固定资产投资占 GDP 比例 R_{21}	0.106
R & D 经费支出占 GDP 比例 R_{22}	0.633
高新技术产业固定资产投资占 GDP 比例 R_{23}	0.261

据此方法，分别计算出创新要素、区位要素市场开放要素相应各指标的权重值。如表 7.10 ~ 表 7.12 所示。

表 7.10　　创新要素各指标权重值

创新要素 R_3	比重
全年专利申请量 R_{31}	0.058
R & D 活动人员数 R_{32}	0.344
高新技术企业数 R_{33}	0.127
规模以上工业企业内部 R & D 支出 R_{34}	0.344
规模以上高新技术产品产值 R_{35}	0.127

表 7.11　　区位要素指标权重值

区位要素 R_1	比重
城市交通区位优势度 R_{11}	1

表 7.12　　市场开放要素各指标权重值

市场开放要素 R_4	比重
利用外资金额 R_{41}	0.25
经济外向度 R_{42}	0.75

（2）调控系统各指标方向的判定

通过对调控系统指标权重的确定，结合指标方向判定函数 $\alpha = F(\omega)$，计算出调控系统各矢量指标方向。

首先确定指标方向判定函数。对此公式进行适用度检测（检测过程省略），得到沈阳市战略性新兴企业调控动力指标方向判定函数：

$$\alpha = \arccos(\omega) \tag{7.4}$$

其中，α 为调控动力与 X 轴的夹角，ω 为各指标对产业集聚影响权重。将层次分析模型分析得出的各项指标权重值代入式(7.4)，确定调控系统各项指标的方向。如表 7.13 所示。

表 7.13　　调控系统各指标方向判定表

指标	比重	与 X 轴夹角度数（α）	指标	比重	与 X 轴夹角度数（α）
R_{11}	1	0	R_{33}	0.127	83
R_{21}	0.106	84	R_{34}	0.344	70
R_{22}	0.633	51	R_{35}	0.127	83
R_{23}	0.261	75	R_{41}	0.25	76
R_{31}	0.058	87	R_{42}	0.75	40
R_{32}	0.344	70			

（3）调控系统各指标大小的判定

根据模糊隶属度函数模型，对沈阳市战略性新兴产业中企业集聚调控动力的各项指标量纲进行消除运算。上文对沈阳市战略性新兴产业中企业集聚调控动力各指标方向的判定结果显示，沈阳市战略性新兴产业中企业集聚调控动力各指标均为正，因此，在下文计算中，采用半升梯形模糊隶属度函数模型对沈阳市战略性新兴产业中企业集聚调控动力各指标进行量纲消除运算：

$$\phi(e_{ij})=\frac{e_{ij}-m_{ij}}{M_{ij}-m_{ij}}=\begin{cases}1, & e_{ij}\geqslant M_{ij};\\ \dfrac{e_{ij}-m_{ij}}{M_{ij}-m_{ij}}, & m_{ij}<e_{ij}<M_{ij};\\ 0, & e_{ij}\leqslant m_{ij}\end{cases}$$

用R_{ij}代表调控系统评价指标属性值，Φ（R_{ij}）代表沈阳市战略性新兴产业中企业集聚调控动力 i 要素 j 指标的隶属度。得到沈阳市战略性新兴产业中企业集聚调控动力各指标数据隶属度值：

$\Phi(R_{11})=(0.6-0.42)/(1-0.42)=0.31$；

$\Phi(R_{21})=(0.851-0.712)/(0.868-0.712)=0.89$；

$\Phi(R_{22})=(2.14\%-1.47\%)/(2.14\%-1.47\%)=1$；

$\Phi(R_{23})=(2.44\%-1.79\%)/(5.18\%-1.79\%)=0.19$；

$\Phi(R_{31})=(12899-6165)/(15622-6165)=0.71$；

$\Phi(R_{32})=(2.4-1.7)/(3.7-1.7)=0.35$；

$\Phi(R_{33})=(766-276)/(2076-276)=0.27$；

$\Phi(R_{34})=(80.1-21.5)/(80.1-21.5)=1$；

$\Phi(R_{35})=(5026.6-123.4)/(5650-123.4)=0.89$；

$\Phi(R_{41})=(928.2-119.9)/(928.2-119.9)=1$；

$\Phi(R_{42})=(12.2\%-7.4\%)/(57.8\%-7.4\%)=0.1$。

（4）调控动力（F_R）的判定

运用极坐标化直角坐标公式，将调控系统各矢量指标转化为直角坐标，体现于直角坐标系中（计算步骤省略）。调控系统各项指标示意如表7.14所示。

表7.14　调控系统各项指标数据示意表

指标	与 X 轴夹角	模	X 轴坐标	Y 轴坐标
F_{11}	0	0.31	0.31	0
F_{21}	84	0.89	0.093	0.885

续表 7.14

指标	与 X 轴夹角	模	X 轴坐标	Y 轴坐标
F_{22}	51	1	0.629	0.777
F_{23}	75	0.19	0.049	0.184
F_{31}	87	0.71	0.037	0.709
F_{32}	70	0.35	0.120	0.329
F_{33}	83	0.27	0.033	0.268
F_{34}	70	1	0.342	0.940
F_{35}	83	0.89	0.108	0.883
F_{41}	76	1	0.242	0.970
F_{42}	40	0.1	0.077	0.064

调控系统各要素所含指标在直角坐标系中体现如图 7.8。

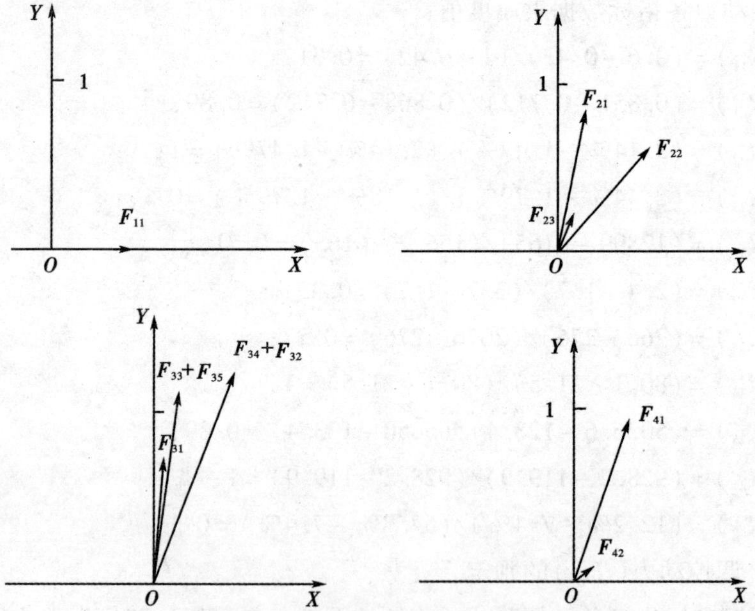

图 7.8 调控动力（FR）各要素分解图

依据平行四边形法则，计算出区位要素（F_{R1}）、政策要素（F_{R2}）、创新要素（F_{R3}）、市场开放要素（F_{R4}）四要素的合力在直角坐标系下的坐标（保留两位小数）：

$F_{R1}(x,y)=(0.31, 0)$；

$F_{R2}(x,y)=(0.093+0.629+0.049, 0.885+0.777+0.184)=(0.771, 1.846)$；

$F_{R3}(x,y)=(0.037+0.12+0.033+0.342+0.108，0.709+0.329+0.268+0.94+0.883)$

$=(0.64，3.129)$；

$F_{R4}(x,y)=(0.242+0.077，0.97+0.064)=(0.319，1.034)$。

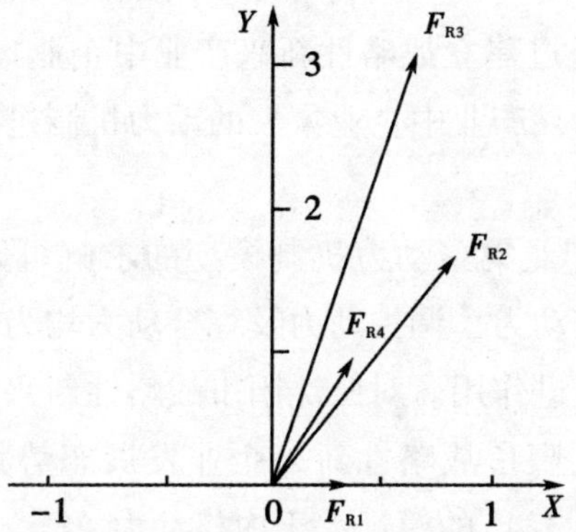

图 7.9　调控系统示意图

最后，计算出调控动力（F_R）在直角坐标系下的坐标（如图 7.9）：

$F_R(x,y)=(0.31+0.771+0.64+0.319，0+1.846+3.129+1.034)$

$=(2.04，6)$

7.4.3.3　综合动力分析

结合内核动力和调控动力，运用矢量平行四边形法则，得到沈阳市战略性新兴产业中企业集聚动力机制情景分析图，如图 7.10。

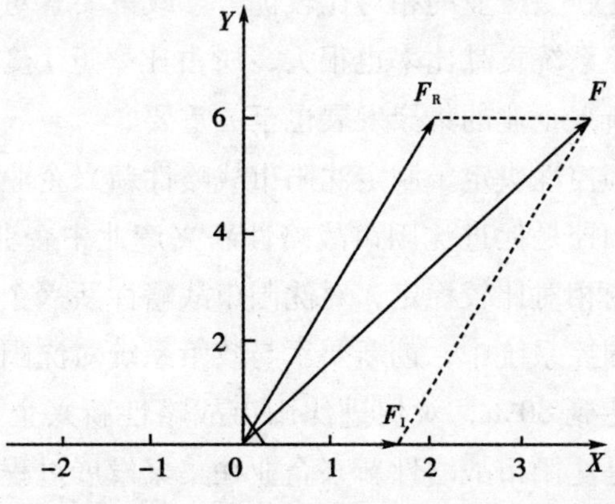

图 7.10　沈阳市战略性新兴企业集聚动力机制情景分析图

其中，F_I 的模为 1.64；F_R 的模为 6.324，与 X 轴的夹角为 71.2°。

7.4.4 沈阳市战略性新兴产业中企业集聚动力系统内部各要素作用机制分析

综上所述，本章通过建立战略性新兴产业中企业集聚动力机制研究模型，力图对沈阳市战略性新兴产业中企业集聚的动力机制进行分析，通过研究得出如下结论。

首先，依据 PAF 产业集聚动力机制模型的求解可知，沈阳市战略性新兴产业中企业集聚的内核动力、调控动力及综合动力均为正，对沈阳市战略性新兴产业的发展均起到促进作用。对照沈阳市战略性新兴产业中企业集聚动力机制情景分析图可知，沈阳市战略性新兴企业发展态势处于快速增长态势。其中，调控动力（F_R =6.324）的模远大于内核动力（F_I =1.64）的模，说明调控动力对沈阳市战略性新兴产业中企业的集聚起到主要支配作用，沈阳市战略性新兴产业中企业集聚发展模式为调控动力主导型。

其次，对沈阳市战略性新兴产业中企业集聚调控系统各要素分量进行分析。依据 PAF 产业集聚动力机制模型的求解，得到沈阳市战略性新兴产业中企业集聚的调控系统各要素分量对调控动力（F_R）的贡献比率分别为：创新要素(49%)>政策要素(31%)>市场开放要素(15%)>区位要素(5%)。其中，创新要素对沈阳市战略性新兴企业集聚发展的调控系统贡献比率最大，占比几近一半，说明沈阳市战略性新兴企业集聚的二级系统是创新要素主导型，这也是沈阳市发展战略性新兴产业的相对比较优势。政策要素对沈阳市战略性新兴企业集聚发展的调控系统贡献比率也很大，所占比率近 1/3，说明政策要素对促进沈阳市战略性新兴企业的集聚发展也至关重要。

调控系统的可调控性决定了制定沈阳市战略性新兴企业集聚发展政策和对动力要素进行优化调控是促进沈阳市战略性新兴产业中企业集聚发展的关键。内核系统在短时期内相对比较稳定，对沈阳市战略性新兴企业集聚发展的促进作用相对较弱。在调控系统中，创新要素与政策系统对沈阳市战略性新兴企业集聚发展的贡献率达到 80%，对促进沈阳市战略性新兴企业的集聚发展起到举足轻重的作用，是沈阳市战略性新兴企业在集聚发展过程中要保持和维护的关键。依据比较优势理论，沈阳市战略性新兴产业应该朝着技术密集型和政策促进型模式发展。区位因素和市场开放因素对沈阳市战略性新兴企业集聚发展的贡献比率相对较弱，是下一步沈阳市为促进其战略性新兴企业集聚发展所要优化调控的主要方向。

7.5 沈阳市战略性新兴产业集聚发展的对策建议

（1）培养创新性文化，强化科技创新

技术创新源于创新性思维、思变精神和敢于冒险精神，是区域性文化的一部分。作为东北老工业基地核心城市的沈阳市，应该弘扬这种“闯关东”精神，大力挖掘创新的成功案例，通过典型事例的宣传和舆论的导向，鼓励创新性思维的养成，形成万众创新的区域文化。

沈阳市拥有众多的高校、科研机构和科技型企业等丰富的创新资源，应该充分调动优势资源，形成良好的创新体系，通过政府搭桥，促进科研机构与企业合作和协同创新。

鼓励技术通过市场自由流动，放松对技术人才流动的诸多制约因素，鼓励企业之间、科技人员之间的交流，在区域内，形成有利于技术扩散的宏观环境。

通过税收、折旧、融资、土地等政策，鼓励战略性新兴行业企业引进新技术和与国外技术研究的同行公司深入合作，形成引进——模仿——消化——吸收——创新的良性、快捷发展路径。

完善专项人才培养战略。人才是创新的源泉，在战略性新兴产业中，有条件的企业就某一关键技术设立博士后流动站，鼓励高校和企业有计划地联合培养研究生，既可以充分利用高校的科研资源解决企业的关键技术问题，又可以为企业培养具有解决实际问题能力的人才。

进一步加大对科技研发专项资金的投入，整合技术检测平台和技术创新服务平台，为企业的技术创新提供支撑与服务，突破发展所需的核心关键技术。

（2）重视中小型科技企业发展，为集群形成创造基本要素条件

沈阳市战略性新兴产业中不缺乏大型企业，但是产业集群的发展不能只依赖于大型企业，应同时重视中小型科技企业的发展。中小型企业在集群中是“黏合剂”，由于它们自身资源有限，因此，在发展过程中相互依赖，注重企业间的合作共赢，中小企业的广泛合作在集群中就像“黏合剂”将企业、政府、服务机构、科研机构等黏合在一起，这是集群形成的必要因素。此外，中

小科技型企业善于捕捉集群内的市场需求，又具有决策快、“船小好调头”的特点，能够快速地为大型战略性新兴行业企业形成配套产品，有利于产业集群的形成和发展。

首先，应以政府牵头制定产业发展规划，建立长效稳定的财政投入机制体制，并设立专项资金，用于支持中小科技企业发展。其次，加大对战略性新兴产业中的中小企业的税收激励政策，在现行高新技术企业税收优惠政策基础上，针对中小企业，制定符合其快速发展的综合税收激励体制。最后，加大政府对战略性新兴产业创业投资资金的引导推动作用，加大对战略性新兴产业中小企业的信贷支持力度，积极开发适合战略性新兴产业中小企业发展特征的金融衍生产品，拓展战略性新兴产业中小企业融资渠道，大力引导各种创业基金、风险投资资金及民间资本注入战略性新兴产业中小企业。

（3）培育优化市场环境，形成有利于本地区集群形成的社会网络

减少市场干预，充分发挥市场配置资源的效率，建立让有能力企业快速发展、优胜劣汰的竞争环境。建立诚信体系，培育市场的契约精神，加大企业的违规成本，快速形成有地方品牌的战略性新兴产业的专业市场。政府应追踪监管、规范市场秩序，为战略性新兴产业企业的健康发展创造公平、有利的环境。完善市场制度，规范竞争机制，加快建立有利于战略性新兴产业发展的行业标准，完善与知识产权相关的法律法规。鼓励区域内战略性新兴产业的大型企业与科研机构和中小企业合作及进行业务往来，以便形成区域内产业链之间的配套关系。引导中小企业合作，形成虚拟企业，在技术创新和订单合作方面，形成常态化。建立战略性新兴产业管理人员和科技人员俱乐部，增强区域内部技术溢出效果。将半官方化的行业协会与政府彻底脱离关系，使之真正成为代表行业发声、自主规范行业发展、行业信息中心的民间组织，从而在企业联络和企业合作中发挥作用。应充分推广多层次、多渠道、多角度的国际交流与合作机制。鼓励境外企业和科研机构在沈阳市设立研发机构，支持符合条件的外商投资企业与沈阳市企业、研究机构合作，共同开发新产品、新项目。

（4）拓宽信息服务渠道

信息资源是战略性新兴产业中企业发展的命脉，它有助于企业理性地判断发展中存在的困难和阻碍，及时、有效的市场需求信息是企业在制定发展战略时的重要参考依据。战略性新兴产业是科技含量高、创新风险大、关联性强的产业，该产业对科技信息的需求异常敏感，科技信息的获得意味着企业对竞争对手技术水平的了解，一项领先技术的最先获得，意味着企业在某一领域的竞

争获得绝对性先机。与此同时，方便快捷的信息服务有助于集群区域内部技术的扩散，从而提升整个集群的技术水平。

沈阳市发展战略性新兴产业，应以政府为推手，建立全方位的地区企业信息服务资源保障体系，为企业提供及时、准确的信息服务。首先，沈阳市应加大与企业合作的力度，并建立长效的合作机制，为企业提供及时、准确的国内外技术与产品的最新发展动态；其次，以政府为推手，构建战略性新兴产业企业信息服务平台，提高信息服务质量，达到信息服务提供与企业信息需求的无缝和有效对接；最后，沈阳市要强化以地方高校图书馆、地区公共图书馆、行业协会和文献情报等机构的信息资源联盟建设，构建面向战略性新兴产业中企业的信息资源保障体系，以信息资源的高度整合来提高战略性新兴产业中企业的服务集群化。

（5）大力发展现代生产性服务业

现代服务业是战略性新兴产业的配套产业，担负着信息咨询与服务、企业投融资、技术交易服务、人才流动、企业管理咨询和人员培训等功能，由于其专业化的服务，能够使企业短时间、低成本地获得发展过程中需要的资源，助力战略性新兴行业中企业的快速发展。

沈阳市应转变“重制造业轻服务业”的观念，从政策导向、舆论宣传、服务意识等方面，鼓励生产性服务业的发展，规范市场竞争，减少生产性服务业领域的行政垄断，将更多的生产性服务业领域向民资开放，鼓励资本流向生产性服务业，吸引国内外有实力的生产性服务业企业进驻沈阳，在高端服务下，促进战略性新兴产业集群的快速发展。

鼓励大型企业将生产性服务业的业务部门与主业分离，使分离出来的生产性服务业的业务部门采用公司制运作，使得服务性业务市场化，提高服务的专业化水平，增加生产性服务业的市场供给。

7.6　本章小结

从战略性新兴产业的特征入手，对战略性新兴产业的集聚动力因素进行分析。沈阳市具有良好的产业环境和技术环境，有利于战略性新兴产业的集聚。同时，为鼓励战略性新兴产业的发展，沈阳市推出了系列政策，给战略性新兴产业的发展提供了良好的机遇。

依据PAF产业集聚动力机制模型的求解可知，调控动力对沈阳市战略性新兴产业中企业的集聚起到主要支配作用，沈阳市战略性新兴产业中企业集聚发展模式为调控动力主导型。调控系统各要素分量对调控动力（F_R）的贡献比率分别为：创新要素(49%)>政策要素(31%)>市场开放要素(15%)>区位要素(5%)。在调控系统中，创新要素与政策系统对沈阳市战略性新兴企业集聚发展和贡献率达到80%，是沈阳市战略性新兴企业在集聚发展过程中要保持和维护的关键。

为了在较好的基础条件下促成产业集聚，沈阳市应注重以下方面的工作：培养创新性文化，强化科技创新；重视中小型科技企业发展，为集群形成创造基本要素条件；培育优化市场环境，形成有利于本地区集群形成的社会网络；拓宽信息服务渠道，形成快速有效的信息共享平台；大力发展专业性较强的现代生产性服务业，将现代服务业从大型制造型企业中分离出来。

第 8 章　东北地区产业集群发展路径研究——以瓦房店轴承产业集群为例

8.1　瓦房店轴承产业集群形成与发展状况

瓦房店市位于辽东半岛中西部，面积 3794 平方公里，人口 103 万。市区南距大连 102 公里，北距沈阳 292 公里。海陆空交通十分发达，哈大铁路、沈大高速公路、黑大公路和在建的哈大铁路客运专线纵贯南北，连接长兴岛临港工业区的城八线公路横贯东西，辽宁沿海经济带重要纽带——滨海公路——穿越全境；拥有长兴岛港、松木岛港、将军石港和在建的太平湾港等多处港口，是东北亚航运中心的重要组成部分；距大连周水子机场 90 公里。瓦房店市自然风光秀美，海滨休闲、温泉滑雪等特色旅游声名远播，是辽宁省旅游城市。工业基础十分雄厚，是辽南工业重镇、中国轴承工业的发祥地和摇篮，被授予“中国轴承之都”称号，轴承产业入选“中国产业集群 50 强”。国家“十一五”重点能源项目——辽宁红沿河核电站——位于境内，在完善产业门类的同时，将为瓦房店市经济发展提供充沛的能源。

瓦房店市是中国轴承工业的发祥地和摇篮，拥有“中国轴承之都”的美誉。1938 年，瓦房店建立起了轴承制造工业。随之，瓦房店市轴承工业走过了将近 80 年的辉煌历程，这里曾生产出中国第一套工业轴承、第一套核工业轴承、第一套坦克诱导轮轴承、第一套铁路货车无轴箱轴承、第一套大型跟踪望远镜轴承，援建了哈尔滨轴承厂、洛阳轴承厂、西北轴承厂、襄阳轴承厂等中国轴承行业骨干企业，为民族工业发展和国防建设作出了特殊贡献。

瓦房店市轴承产业集群经历了孕育期、产业集聚期和产业集群形成期。在产业集群孕育期，逐步形成了吸引要素集聚的条件，随着企业的不断衍生和集聚，进入了产业集聚期，从严格意义来讲，产业集聚期并不能称为产业集群。在外部环境竞争压力，以及政府和行业协会作用下，企业之间形成了分工、协作的协同关系，基础设施不断完善，培训体系及现代生产性服务业逐步形成，协同创新不断加强，企业之间形成了既竞争又合作的社会网络关系，形成了典型的产业集群。

8.1.1 瓦房店轴承产业集群的孕育

瓦房店轴承产业集群的孕育阶段是一个漫长的过程，瓦轴集团的历史可以追溯到1938年，前身是日本人建立的满洲轴承制造株式会社。1949年，在国家政策指导下，瓦房店轴承厂开始恢复生产，成为中国第一家独立生产轴承的企业。在计划经济时期，生产和投资严格按照国家指令进行，因此，瓦房店轴承企业的数量没有增加，直到1975年，为了满足国家经济发展对机械产品的要求，瓦轴集团在接下来的十年间衍生了5个新的集体企业，分别进行钢材、滚动轴承、电焊机、纸制品和铸铁件等产品的生产加工。

20世纪80年代初，随着家庭联产承包制的全面推行，农村市场得到了空前活跃。为了刺激经济增长，当时农村信用社及农业银行鼓励贷款兴办企业，于是，乡镇企业便开始层出不穷。在此历史背景下，1983年瓦房店市出现了第一家乡镇轴承企业，聘请当时从瓦轴集团退休的一名高级工程师出任厂长，企业的技术骨干基本上都是从瓦轴集团退休或停薪留职的技术人员。在第一家民营轴承企业成功案例带动下，民营的轴承企业开始进入瓦房店市投资建厂，到1985年，瓦房店市的轴承企业达到7家。这些企业只具备基本的生产能力，缺乏产品开发能力，通过亲属关系、同事关系或人员兼职等渠道获取瓦轴集团的产品设计图纸和生产工艺，对成熟产品和生产工艺进行模仿。在20世纪80年代和90年代前期，中国经济始终处于短缺状态，轴承作为重要的机械产品，在市场上供不应求。尽管乡镇轴承企业的产品技术含量较低，但在当时卖方市场条件下，面对着大量的市场空缺，凭借着低成本优势，乡镇轴承企业的产品销售并未受到影响。同时，国家对乡镇企业长期实行“免三减二”的税收政策，5年减免之后，大多数企业按照销售额的1%纳税，直到1994年实施分税制后，这些税收优惠才逐渐被取消，这也为乡镇轴承企业的早期成长和低成本经营提供了有利的条件。乡镇轴承企业虽然起点低、制造能力和技术能力薄弱，但是，这些企业的发展为后续企业的创业和发展起到了示范效应，为产业集群的发展奠定了基础。

8.1.2 瓦房店轴承产业集群初步形成

1997 年，乡镇企业的产权制度改革开始在全国范围内展开，瓦房店乡镇轴承企业的产权制度改革到 2000 年基本完成，企业的经营者成为大股东。乡镇企业经过改制后，经营者更加关注企业的长远发展。由于急需技术和管理人才，这些企业采取了提供高薪的方法，吸引瓦轴集团员工（主要是技术和销售方面的专业人员）流入。1997—1998 年，国家先后提出了“减员增效”“国企脱困”的方针政策，瓦轴集团着手实施减员增效的工作。1995 年，瓦轴集团有在职职工 2.7 万人；到 2003 年，这一数目已经降到 1.4 万人。这一时期，瓦房店轴承行业发展迅猛，大部分下岗或提前退休的技术工人以及开发和管理人员在周边轴承企业实现了再就业。到 2002 年末，在这一地区有轴承生产企业 166 家，从业人员达到 2.2 万人，形成了以瓦轴集团为龙头，瓦房店冶金轴承集团有限公司、光阳轴承集团有限公司、冶矿轴承制造有限公司、远东轴承制造有限公司等 10 余家企业为第二梯队，150 余家中小型轴承企业和配套企业为辅助的雁行式格局（见表 8.1）。

表 8.1　　瓦房店轴承产业发展数据

年份	1938	1985	1994	2002	2004	2005	2006	2007	2008	2009	2010	2011
企业个数/个	1	7	15	166	223	420	460	490	458	500	600	634
工业产值/亿元	—	—	—	—	29.8	55	98	110	118	150	230	292
从业人数/万人	—	—	—	—	4.4	5	5.7	5.5	5.4	5.4	5.4	5.6

在减员增效的同时，瓦轴集团进行了剥离辅助人员的工作。2002 年，瓦轴集团培训中心改制成为民办事业法人，培训中心下属技校开始面向社会招生，大部分毕业生进入周边中小轴承企业工作。2003 年以后，瓦轴集团精密锻压厂、砂轮分厂、钢球分厂、动力公司、机电化公司等单位完成改制分流，开始面向市场独立经营。尽管瓦房店轴承产业发展迅速，但企业之间的合作创新很少，这主要是由于合作创新的交易费用较高所致，由于信用体系缺失，知识产权保护滞后，技术成果难以得到有效保护，企业在合作过程中缺乏信任，导致交易费用高，阻碍了集群内部创新资源的整合。此外，集群内部的分工协作体系发展明显滞后，这表现为大中型企业的一体化程度还比较高，这些企业在外购零部件和外协工序过程中，在产品质量和交货期上遇到不少问题，这说明，在这个时期，瓦房店轴承已经初步形成了产业集群。

8.1.3 瓦房店轴承产业集群的发展

经过20多年的发展，进入21世纪，瓦房店轴承产业集群已经初步形成以瓦轴集团为核心企业的卫星形产业集群。瓦轴集团和周边企业之间逐步建立了一种竞争互动的机制，即瓦轴集团的技术外溢拉动了周边企业的发展；而周边企业发展带来的竞争压力和提供的配套能力，又成为瓦轴集团结构升级的外部动力和支持条件。与此同时，一部分中小轴承企业经过发展，已经具备了较强的实力。例如，瓦房店冶金轴承集团有限公司的产品得到大庆油田、辽河油田等企业认可，进入国内油田市场，2003年，公司商标被评为辽宁省著名商标；冶矿轴承制造有限公司的产品已经进入鞍钢、首钢、武钢等特大型企业的供应链；受瓦轴集团产品升级的示范，远东轴承制造有限公司2004年初投资1500万元，进入了精密轴承生产领域。到2003年，除瓦轴集团之外，瓦房店资产总额超过千万元的轴承企业已经达到15家。

2011年，中国轴承之都瓦房店市轴承工业产值达292亿元，增长27.2%，轴承产业已经成为瓦房店的第一产业。瓦房店目前已建立起生产布局基本合理、产业门类比较齐全、大中小企业并存的较为完整的轴承工业体系。区域内共有轴承及配套企业700余家，企业集团9家，规模企业260余家。产品涵盖9大类型，畅销国内，并远销海外80多个国家和地区。具体发展趋势如图8.1所示。

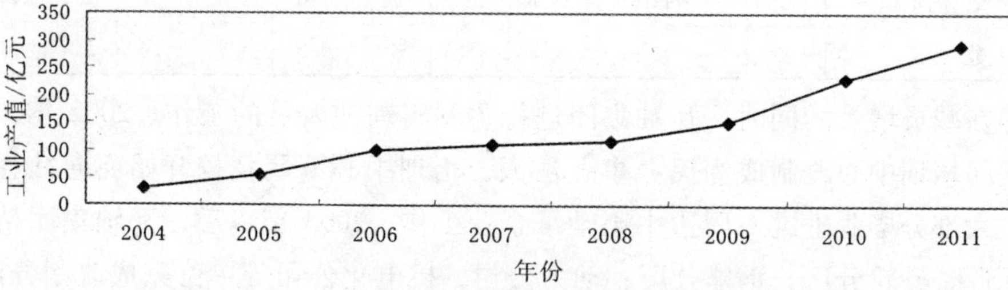

图8.1 2004—2011年瓦房店轴承产业集群工业产值

每个轴承均由四大件构成——内圈、外圈、保持架、滚动体。“在轴承工业的带动下，瓦房店已经形成了一大批相关配套产业，最直接的就是聚集了160余家配件生产企业。”其中，不乏拥有国际影响力的企业。例如，瑞谷制造出的保持架最终被送进各个轴承厂。与此同时，滚动体也由其他配套企业源源不断地输出。金峰轴承除轴承厂外，还拥有专门生产滚动体和保持架的下属公司。“公司生产轴承产品达到 2000 多种规模样式，销往 20 多个国家和地区。”但就是这个中等规模的民营轴承公司，却有着自己独立的研发室、实验中心，并创造了 15 项国家专利。

瓦房店轴承产业集群具有良好的创新条件。大连市级技术中心 4 个，掌握核心、关键技术。从事轴承制造产业技术工人达 5 万余人。2010 年，瓦房店地区轴承行业通过专利 228 项，认定国家行业高新技术企业 7 家，科技新品种鉴定 9 项。瓦轴集团申报的“国家大型工程技术研究中心”建设项目获科技部批准。瓦房店地区还拥有国家级轴承试验检测中心、企业技术中心和以 ZWZ 为代表的知名轴承品牌。瓦房店轴承产业集群将高端产品纳入“十二五”战略规划，主要产品如下。① 大型清洁高效发电设备轴承。包括风力发电机组偏航轴承、变桨轴承、主轴轴承、增速器轴承和发电机轴承，百万千瓦核电站核反应堆耐腐蚀轴承、核电机组大型压缩机泵用轴承、辅机轴承、应急柴油机轴承、大型水电站起闸机轴承、大型抽水蓄能机组轴承等。② 大型石化设备轴承。包括百万吨级大型乙烯成套设备和对二甲苯（PX）、对苯二甲酸（PTA）、聚酯成套设备轴承，大型离心压缩机组轴承，大型容积式压缩机组轴承，关键泵和低温泵轴承，大型乙烯造粒机轴承，大型空分设备轴承等。③ 大型煤化工成套设备轴承。包括百万吨甲醇关键设备轴承，年产 60 万吨煤间接制油关键设备轴承，年产 100 万吨煤直接液化制油关键设备轴承等。④ 高速度高精度冶金轧机轴承。包括大型薄板冷热连轧成套设备及镀涂层加工成套设备轴承。包括森吉米尔轧机轴承，1450、1500、1580、1600、1700、1750、1870、1900、2300、4300 等规格冷热连轧和涂镀层生产线轴承，大型板坯连铸机轴承，彩色涂层钢板生产设备轴承、大型高炉风机轴承和有色金属高精度轧机轴承，有色金属大断面及复杂截面挤压机轴承等。⑤ 大型煤炭井下综合采掘、提升和洗选设备，以及大型露天矿设备轴承。包括大型采煤掘进机掘进头轴承，大型采煤机行星头轴承，多绳摩擦式提升机主轴装置用特大型球面滚子轴承，大型露天矿山牙轮钻机轴承，新型采掘、提升、洗选设备轴承，电牵引采煤机轴承，大型矿用电动轮自卸车轴承，大型露天矿用挖掘机轴承，大型振动筛轴承，井下煤矿巷道悬臂式掘进机轴承等。⑥ 大型船舶、海洋工程设备轴承。包括港口机械和大型船舶用特大型回转支承，大型船用柴油机轴承，大型斗轮堆取料机、翻车机、装卸船机等港口机械轴承，第四、五代半潜式钻井平台钻机，深海钻井平台钻机装用的重负荷、耐腐蚀、长寿命、高可靠性的天车轴承、游车轴承、大钩轴承、水龙头轴承、转盘轴承、绞车轴承、泥浆泵轴承和传动箱轴承，在抗寒、耐高温、防渗漏、防腐蚀、防爆和防沙等方面，具有良好的可靠性和适应性，完全能够满足9000米深陆地和海洋油气钻井工况的超深井石油钻机全部配套轴承等。⑦ 轨道交通设备轴承。包括时速200~350公里高速铁路客车轴承，新型提速重载铁路货车轴承，大功率交流传动电力/内燃机车轴承，新型城市轨道交通轴承和机车绝缘轴承等。⑧ 大型环保及资源综合利用设备轴承。包括大气治理、城市及工业污水处理、固体废弃物处理等大型环保设备轴承，海水淡化、报废汽车处理等资源综合利用设备轴承，脱硫增压风机轴承，电厂脱硫装置大型循环渣浆泵轴承等。⑨ 大型施工机械轴承。包括大断面土压平衡、泥水平衡和硬岩盾构机主轴承，大型挖掘机轴承，大型压路机轴承，大型工程车辆轴承，道路再生机轴承，大型履带吊轴承，全路面起重机轴承，架桥机轴承，沥青混凝土搅拌和再生成套设备轴承等。

8.2 瓦房店轴承产业集群形成与发展中的结构研究

按照产业集群的结构观点，产业集群的结构包括企业、政府、协会、客户、科研机构、科技及信息服务公司等。企业是具有适应性的主体，整个宏观系统的演化或进化，包括新层次的产生、分化和多样性的出现。新的、聚合而成的、更大的主体的出现等，都是在这个基础上逐步派生出来的。政府是产业集群环境的创造者和维护者，产业政策的制定、产业市场的规范、创新体系的形成、产业成果转化的推动、区域基础设施的建设和完善、地方基础教育的发展、文化和价值观的引导、诚信体系的建立等有利于产业集群形成和成长的环境，无不依靠政府的投入。行业协会是行业自律和企业群体利益的代言人，同时是行业获得信息、技术交流和知识溢出的重要场所，是企业和政府之间沟通的纽带，是众多同行集聚的地方。挑剔的客户群体是产业集群不断培养的结果，同时是产业集群创新动机的源泉。科研机构、高校、政府、企业、科技和信息服务公司共同形成了产业集群的创新体系。以下从产业集群的结构视角，对瓦房店轴承产业集群进行分析。

8.2.1 瓦房店轴承企业数量和结构的演化

瓦房店从最初的1家企业发展到目前的600多家企业，是产业集群形成的基本条件。瓦房店轴承产业集群的领军者是瓦房店轴承集团有限公司（简称瓦轴集团）。

瓦房店的轴承工业起始于 1938 年，瓦轴集团的前身是满洲轴承制造株式会社，是当时日本为侵略战争服务办起的军用轴承配件工厂。新中国成立后，瓦轴人自力更生，独立研发生产出新中国第一套工业轴承。改革开放后，农村经济日益活跃，在国家鼓励投资的宽松金融政策和积极的财政政策背景下，出现了第一家乡镇轴承企业，这家企业除了资本以外，所有生产要素均来自瓦轴集团。20 世纪 80 年代初期，我国尚处于短缺经济，因此，虽然乡镇企业技术含量较低，但融资和市场不是问题，乡镇企业凭借较低的生产成本，成功的概率很大。在第一家乡镇企业的示范作用下，到 90 年代初期，瓦房店轴承行业乡镇企业达 14 家。90 年代中期到新世纪初，我国继农村改革取得了巨大成就之后，展开了城市改革，企业改制、企业减负和破产分流、减员增效等一系列措施相继实施，这些措施的实施促进了瓦房店轴承产业集群企业的大量增加。瓦轴集团作为新中国成立以来建立的大型国企，企业内部冗员现象较为严重，减员增效使得部分瓦轴集团员工下岗分流，此措施为瓦房店轴承行业的发展提供了丰富的产业工人，为瓦房店轴承产业集群的发展奠定了劳动力基础。企业减负和破产分流使瓦轴集团内承担非核心业务的环节被分离出来，如精密锻压厂、砂轮分厂、钢球分厂等辅助部门，这些部门转变为独立经营的企业，直接增加了集群内企业的数量，这些被分离出来的企业既与集团在业务方面关系密切，也对集群内其他企业提供服务。企业改制使集体企业成为股份制企业，产权明晰激励了企业所有人将企业做大做强的积极性，在这段时间内，由原来乡镇企业转制形成的民营企业得到了前所未有的发展，在成功企业的示范效应下，新建企业急剧增加，到 2003 年，瓦房店轴承企业数量达 223 家。之后，瓦房店市对轴承产业扶植的力度不断加大，招商引资、园区规划、基础设施建设、有利的财政政策和金融政策、优越的土地政策等，吸引了大量的民间资本流入，到 2011 年，企业数量达到 600 多家，形成了上下游配套、生产性服务业快速发展的产业集群。企业数量增长趋势如图 8.2 所示。

企业数量增加的同时，瓦房店轴承行业中的企业结构也发生了巨大的变化。瓦房店轴承企业多成立于市场短缺时代，在这样的买方市场情况下，许多企业只能完成生产锻造、车加工和热处理等简单工序，轴承的种类单一，技术含量不高。瓦房店市新成立的企业大多规模偏小，抵御风险能力差，企业惯例不规范。随着瓦房店轴承企业数量的增多，20 世纪 90 年代后期以来，市场竞

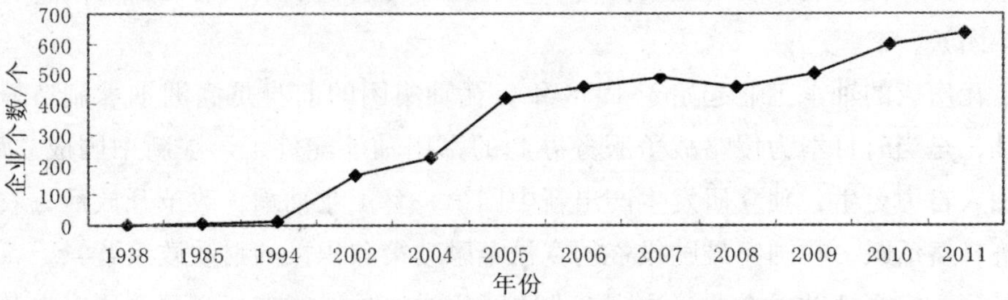

图 8.2　瓦房店轴承产业集群企业个数趋势

争进入了白热化阶段，集群中出现了一批不道德的企业，他们将生产质量不过关的产品贴牌后销售，中小企业间的合作由于害怕自己的技术被合作伙伴或竞争对手偷去，部分企业决定选择更加保守的不合作策略，通过增加 R & D 投入来提高自身产品的技术含量，增加市场竞争力。这一阶段是瓦房店轴承产业中大洗牌的阶段，集群中企业结构发生了巨大的变化。瓦轴集团与瑞典 SKF、日本 KOYO、日本 THK、美国 GBC 等世界一流轴承企业进行合资合作，与清华大学、大连理工大学等高等院校和科研机构进行科研合作，拥有国家级企业技术中心和产品检测试验中心，拥有大量的核心技术和知识产权。大冶轴集团、瓦冶轴集团、远东集团、光阳集团、东旭集团成立了大连市技术中心。轴承产品呈现向高端发展的趋势。远东、凯特乐、重型轧机等企业投资数千万元进行技术改造，生产为机床主轴配套的精密级轴承。瓦轴集团“ZWZ”商标、大冶轴集团“DYZV”商标被国家认定为“中国驰名商标”，产品获“中国名牌产品”称号，瓦冶轴集团、光阳集团、东旭集团、远东集团等企业商标被评为“辽宁省著名商标”。形成了以瓦轴集团为核心，以大冶集团、瓦冶集团、远东集团、光阳集团、东旭集团为第二梯队，以众多中小配套零部件及配套企业为第三梯队，以会展、销售、技术服务、信息服务、物流服务等为现代服务业，团队整体化协调发展的有机结构。

8.2.2　政府为产业集群发展创造了良好的区域软环境

瓦房店政府在轴承产业集群形成与发展中过程，创造了良好的区域软环境，制定了有利于轴承产业健康发展的产业政策，关键时期规范产业市场，推动了创新体系的形成，完善了区域基础设施，促进了有利于行业发展的职业教育。

加强园区规划和基层设施建设，促进轴承产业良性发展。为了使轴承产业集群快速发展，瓦房店市按照功能和产品特色，建成 3 个轴承工业专业园区。① 辽宁瓦房店轴承工业园区。以西郊、祝华工业园区、瓦轴集团工业园为核心区，以岗店拉山、祝华三家子为辅助区，建成 40 平方公里的省级装备制造配套轴承工业园区。② 辽宁瓦房店轴承工业园轴承锻造、热处理专业区。以九龙工业园为基础，形成 4 平方公里的轴承“锻造、热处理专业区”，吸引相关专业化生产企业入园，面向全国，打造全国最大的锻件生产基地。③ 辽宁瓦房店轴承工业园轴承零部件专业区。以太阳元宝工业园为基础，形成 4 平方公里的“轴承零部件专业化工业园区”；以瓦窝镇、得利寺镇等工业园为基础，新建用于对外招商的“外资轴承工业园区”，吸引和支持 NSK、FAG 等国际跨国公司入园发展，形成“瓦房店轴承产业园”中的特区。

按照企业需求，搭建研发设计、质量检测、培训教育、市场营销四大公共服务平台。① 建设研发设计平台。依托瓦轴国家级企业技术中心，并争取中机十院和洛阳轴承研究所的支持，在瓦房店建立研发设计平台，为中小企业提供技术支持。该平台由一个技术咨询服务网和一个专家组组成，定向为企业提供各种决策咨询服务，对企业的新产品研发或生产中遇到的技术问题提供咨询、指导和技术支持；对轴承企业发展中遇到的各种技术问题给予全方位的指导。② 建设质量检测平台。争取轴承质量检测中心早日投入运营。③ 建设培训教育平台。培训教育平台，争取河南科技大学在瓦房店设立分校，与瓦轴职工大学联合办学；充分发挥市轴承教育培训基地的作用，对企业技术人员、管理人员和技术工人进行全日制教育或中短期培训。④ 建立营销服务平台。对九龙办事处“果菜大市场”进行扩建改造，形成轴承原材料、辅助材料商贸中心，吸引轴承钢生产和经贸企业，以及轴承主要辅助材料生产和经贸企业入园，通过批量采购，降低轴承钢和辅助材料的采购成本及采购费用。

建立轴承产业服务大厦。根据产业集群发展需要，采取民建公助方式，对现有的新华办事处轴承经贸中心进行增扩建，按照国内一流、30 年不落后的标准，建成集轴承营销电子商务、产品展销、新产品推介展示、物流服务、办公写字间、住宿、餐饮服务为一体的“瓦房店轴承产业服务大厦”。

政策组合支持轴承产业快速集聚。① 土地政策。通过出让方式取得土地使用权所缴纳的土地出让金，待项目投产后，扣除按照上级规定提留或上缴的部分（40 元/平方米），其余收益全部用于支持企业发展。② 资金政策。在适用范围内，达到有关投资额度要求的（外资项目包括增资），按照固定资产投资额的3%予以一次性补助，每个项目最高补助额不超过500万元。在产业制造基地固定资产投资额1亿元以上；在乡镇街道固定资产投资额3000万元以上，按照固定资产投资额的5%予以一次性补助，每个项目最高补助不超过2000万元。项目投产验收后，予以兑现。对锻件、滚动体、保持架、包装制品、切削油的新建和技术改造增量部分专业化配套企业，以年销售额1000万元为基数，按照销售额的3%给予补助。年最高补助额不超过500万元。③贷款担保。市政府协调、利用担保公司为大项目进行融资担保服务，帮助解决部分生产流动资金，以促进项目加快建设。④加大对收购、兼并、联合、重组、产业延伸的政策扶持。企业在整合重组过程中，办理土地房产及其他资产合并过户时，相关税费的地方留成可用部分返还企业，并免收房屋转移交易费。企业在整合重组过程中，因为会计审计调整增加利润，从而增加税收，其地方留成可用部分由财政当年奖励给企业；当年新增加税收部分，按照当年新增加税收地方留成部分三年减半返还企业。对于收购、兼并、重组的企业，符合贷款条件的，帮助企业协调金融机构给予贷款支持。⑤税费政策。企业缴纳的所得税，自企业投产年度起5年内，新增财政收入部分，全额作为发展资金扶持企业，后3年50%用于扶持企业发展。企业缴纳增值税形成市级新增财政收入部分，自企业投产年度起5年内，全额作为发展资金扶持企业，后3年50%用于扶持企业发展。企业在注册登记和建设期间，免收地方行政事业性收费。

8.2.3 轴承协会为产业集群良性发展提供了服务

2009年，瓦房店轴承产业集群成立了轴承协会，其目的是在以下几方面发挥作用：组织开展相关轴承企业的法律、法规和政策调研活动；介绍推广国内外轴承企业的成功经验，向国内外市场推介轴承企业产品；为轴承企业提供创业、信息、咨询、治理等服务；组织轴承企业开展现代企业治理和专业技术培训；逐步整合轴承资源，优化资源配置，引导行业朝着专业化分工协作方向发展；组织行业积极开展价格自律，抵制无序竞争；组织轴承企业开展国内外经济、技术交流与合作；开展国际质量标准和国际环保标准体系认证培训与咨询服务；为轴承企业搭建信息交流和商务平台；承办政府委托的评价、表彰优秀企业家及企业经营治理工作；开展维护企业和企业家合法权益工作，并提供相关的法律咨询服务。

8.2.4　企业与科研机构合作形成创新体系

在瓦房店轴承产业集群中，形成了以瓦轴集团为龙头，一些实力较强的民营企业为主干的创新型企业群体，在轴承的配件、轴承种类、轴承应用领域、轴承独特的性能等方面，分工不同，这些企业在吸收国外先进技术的基础上，依赖自身的研发机构不断创新。瓦轴拥有国家大型轴承工程技术研究中心、国家级技术中心和国家实验室认证委认可的轴承产品检测试验中心，综合技术开发能力在全国机械工业排名前 30 位。瓦轴的主导产品是重大技术装备配套轴承、轨道交通轴承、汽车车辆轴承、风电新能源轴承，1.6 万多种轴承产品全部拥有自主知识产权。目前，平均每天以 2 种新产品的速度在扩大轴承配套领域，瓦轴已从单一轴承制造工厂，发展成为具有提供技术解决方案的国家创新型企业。金峰轴承仅处于瓦房店的中等规模，但这个中等规模的民营轴承公司却有着自己独立的研发室、实验中心，并创造了 15 项国家专利。2010 年，瓦房店地区轴承行业通过专利 228 项，认定国家行业高新技术企业 7 家，科技新品种鉴定 9 项。瓦轴集团申报的“国家大型工程技术研究中心”建设项目获国家科技部批准。

在大型企业和政府的推动下，瓦房店轴承产业集群积极与高等院校和研究机构合作，发挥产学研合作的优势，目前已经和大连理工大学、清华大学建立了合作关系，政府正在努力争取得到中机十院和洛阳轴承研究所的支持。在企业研发机构和科研院所的共同努力下，瓦房店轴承产业集群拥有了国家级技术中心 1 个、大连市级技术中心 4 个。

8.3　瓦房店轴承产业集群形成中要素集聚的动力分析

产业集群形成的微观因素是要素集聚，要素的定向流动产生要素集聚。要素的流动是其追求利润最大化的本质造成的。在市场经济条件下，每一种要素都有从收益低的地区（或者行业）流入收益高的地区（或者行业）的趋势。而非流动性要素（如丰富的自然资源、完善的基础设施、交通便利的区位条件等硬环境）和信息服务、产业基础、市场体系、制度环境、根植文化环境（包括传统、企业家精神培育及创新创业文化、价值观、诚信意识等）、社会资本等软环境的不同是要素边际收益不同的重要原因。一定成本下收益最高和一定收益下成本最低是利润最大化目标下的对偶问题，因此，要素流动在考虑收益的同时，还要考虑成本（包括风险），上述区域硬环境和区域软环境不仅关乎要素的收益，也关乎其成本（包括风险）的差异，因此，要素在搜寻流动方向时，需要考虑的因素很多，这构成了要素流动的搜寻成本。无论是大批量要素的转移，还是小批量要素的转移，其搜寻成本是相同的，但是对于小批量要素来讲，其平均搜寻的相对成本要大得多，甚至大大超出其预期收益，因此，跟随战略常常成为小批量要素流动的最佳选择，这就是要素具有自我集聚特点的原因。因此，要素集聚的动力来源于以下因素：自然资源、基础设施、区位条件、产业基础、市场体系、制度环境、根植文化、社会网络、要素集聚趋势等。

对于具体的产业集群，这些因素所起作用大小有很大的差别。为了研究瓦房店轴承产业集群的具体情况，本书采用模糊优先关系排序决策，由一定数量的代表性企业对要素集聚的动力因素进行比较打分、模型处理，得出瓦房店轴承产业集群中要素集聚动力因素的重要性排序。

设自然资源、基础设施、区位条件、产业基础、市场体系、制度环境、根植文化、社会网络、要素集聚趋势分别由 x_1 , x_2 , x_3 , x_4 , x_5 , x_6 , x_7 , x_8 , x_9 代表，则论域 $U=\{x_1,x_2,x_3,x_4,x_5,x_6,x_7,x_8,x_9\}$ 。选择瓦房店轴承产业集群中30 家具有代表性的企业，由 30 家企业的投资人组成评议组，对这 9 个因素进行评价打分，评分标准如表 8. 2 所示。

表 8. 2　评价打分标准

评分标准	一等	二等	三等	四等	五等	六等
分数	10	8	6	4	3	1

对参加评选的因素两两进行比较打分，例如，$x_1 \rightarrow x_2$（以 x_2 为基准，对 x_1 进行打分），若30 人所给评分为 $\sum_{i=1}^{30} y_i$ ，则 x_1 对 x_2 的优先选择比为 $r_{12}=\frac{\sum_{i=1}^{30} y_i}{300}$（其中，300 为 30 人都给最高分时的总分）；相应的，$r_{21}=1-\frac{\sum_{i=1}^{30} y_i}{300}$ 。利用上述方法，得出的结构如表 8. 3 所示。

表 8.3　　评选组评选结果

对比	一等	二等	三等	四等	五等	六等	评选组给被评要素总分	优先选择比 r_{ij}
	分数							
	10	8	6	4	3	1		
$x_1 \to x_2$	0	0	6	12	2	10	100	0.3333
$x_1 \to x_3$	0	0	10	12	4	4	124	0.4133
$x_1 \to x_4$	0	0	0	8	10	12	74	0.2467
$x_1 \to x_5$	0	0	0	12	10	8	86	0.2867
$x_1 \to x_6$	0	4	4	10	8	4	124	0.4133
$x_1 \to x_7$	0	0	4	8	10	8	94	0.3133
$x_1 \to x_8$	0	0	7	12	6	5	113	0.3767
$x_1 \to x_9$	0	0	0	12	10	8	86	0.2867
$x_2 \to x_3$	2	6	4	6	6	6	140	0.4667
$x_2 \to x_4$	0	0	0	15	12	3	99	0.3300
$x_2 \to x_5$	0	2	2	12	10	4	110	0.3667
$x_2 \to x_6$	1	2	3	10	8	6	114	0.3800
$x_2 \to x_7$	1	3	4	10	6	6	122	0.4067
$x_2 \to x_8$	0	5	8	10	5	2	145	0.4833
$x_2 \to x_9$	0	0	0	12	15	3	96	0.3200
$x_3 \to x_4$	0	2	5	12	4	7	113	0.3767
$x_3 \to x_5$	1	2	4	14	5	4	125	0.4167
$x_3 \to x_6$	2	2	4	13	5	4	131	0.4367
$x_3 \to x_7$	1	1	6	12	4	6	120	0.4000
$x_3 \to x_8$	0	1	6	13	5	5	116	0.3867
$x_3 \to x_9$	0	0	8	12	6	4	118	0.3933
$x_4 \to x_5$	6	8	10	6	0	0	208	0.6933
$x_4 \to x_6$	8	10	6	6	0	0	220	0.7333
$x_4 \to x_7$	4	10	12	4	2	0	214	0.7133
$x_4 \to x_8$	10	6	8	4	2	0	218	0.7267
$x_4 \to x_9$	2	4	10	8	2	4	154	0.5133
$x_5 \to x_6$	3	4	12	10	1	2	179	0.5967

续表 8.3

对比	一等	二等	三等	四等	五等	六等	评选组给被评要素总分	优先选择比 r_{ij}
	分数							
	10	8	6	4	3	1		
$x_5 \to x_7$	2	3	10	8	3	4	149	0.4967
$x_5 \to x_8$	1	4	12	12	0	1	163	0.5433
$x_5 \to x_9$	1	3	10	8	6	2	146	0.4867
$x_6 \to x_7$	1	5	10	12	2	0	164	0.5467
$x_6 \to x_8$	0	3	11	10	4	2	144	0.4800
$x_6 \to x_9$	0	0	8	12	3	7	112	0.3733
$x_7 \to x_8$	2	5	9	12	2	0	168	0.5600
$x_7 \to x_9$	0	0	13	12	1	4	133	0.4433
$x_8 \to x_9$	1	0	12	11	2	4	136	0.4533

根据表 8.3 给出的优先选择比 r_{ij} 及其所满足的条件（$r_{ij}+r_{ji}=1$，取 $r_{ii}=1$），得出优先比系数的列表，如表 8.4 所示。

表 8.4　优先比系数表

对象	基准								
	x_1	x_2	x_3	x_4	x_5	x_6	x_7	x_8	x_9
x_1	1	0.3333	0.4133	0.2467	0.2867	0.4133	0.3133	0.3767	0.2867
x_2	0.6667	1	0.4667	0.3300	0.3667	0.3800	0.4067	0.4833	0.3200
x_3	0.5867	0.5333	1	0.3767	0.4167	0.4367	0.4000	0.3867	0.3933
x_4	0.7533	0.6700	0.6233	1	0.6933	0.7333	0.7133	0.7267	0.5133
x_5	0.7133	0.6333	0.5833	0.3067	1	0.5967	0.4967	0.5433	0.4867
x_6	0.5867	0.6200	0.5633	0.2667	0.4033	1	0.5467	0.4800	0.3733
x_7	0.6867	0.5933	0.6000	0.2867	0.5033	0.4533	1	0.5600	0.4433
x_8	0.6233	0.5167	0.6133	0.2733	0.4567	0.5200	0.4400	1	0.4533
x_9	0.7133	0.6800	0.6067	0.4867	0.5133	0.6267	0.5567	0.5467	1

由表 8.4 得出模糊优先关系矩阵

$$
\boldsymbol{R}^{(1)}=\begin{bmatrix}
1 & 0.3333 & 0.4133 & 0.2467 & 0.2867 & 0.4133 & 0.3133 & 0.3767 & 0.2867\\
0.6667 & 1 & 0.4667 & 0.3300 & 0.3667 & 0.3800 & 0.4067 & 0.4833 & 0.3200\\
0.5867 & 0.5333 & 1 & 0.3767 & 0.4167 & 0.4367 & 0.4000 & 0.3867 & 0.3933\\
0.7533 & 0.6700 & 0.6233 & 1 & 0.6933 & 0.7333 & 0.7133 & 0.7267 & 0.5133\\
0.7133 & 0.6333 & 0.5833 & 0.3067 & 1 & 0.5967 & 0.4967 & 0.5433 & 0.4867\\
0.5867 & 0.6200 & 0.5633 & 0.2667 & 0.4033 & 1 & 0.5467 & 0.4800 & 0.3733\\
0.6867 & 0.5933 & 0.6000 & 0.2867 & 0.5033 & 0.4533 & 1 & 0.5600 & 0.4433\\
0.6233 & 0.5167 & 0.6133 & 0.2733 & 0.4567 & 0.5200 & 0.4400 & 1 & 0.4533\\
0.7133 & 0.6800 & 0.6067 & 0.4867 & 0.5133 & 0.6267 & 0.5567 & 0.5467 & 1
\end{bmatrix}
$$

令 $\lambda=0.5133$，得 λ-截矩阵为

$$
\boldsymbol{R}_{0.5133}^{(1)}=\begin{bmatrix}
1 & 0 & 0 & 0 & 0 & 0 & 0 & 0 & 0\\
1 & 1 & 0 & 0 & 0 & 0 & 0 & 0 & 0\\
1 & 1 & 1 & 0 & 0 & 0 & 0 & 0 & 0\\
1 & 1 & 1 & 1 & 1 & 1 & 1 & 1 & 1\\
1 & 1 & 1 & 0 & 1 & 1 & 0 & 1 & 0\\
1 & 1 & 1 & 0 & 0 & 1 & 1 & 0 & 0\\
1 & 1 & 1 & 0 & 0 & 0 & 1 & 1 & 0\\
1 & 1 & 1 & 0 & 0 & 1 & 0 & 1 & 0\\
1 & 1 & 1 & 0 & 1 & 1 & 1 & 1 & 1
\end{bmatrix} \tag{8.1}
$$

由式（8.1）可以看出，只有 x_4 的优越程度超过了 0.5133，因此，产业基础 x_4 为第一优越对象。

除去 $\boldsymbol{R}(1)$ 中的第一优越对象 x_4 所在的行与列，得到新的模糊优先关系矩阵

$$
\boldsymbol{R}^{(2)}=\begin{bmatrix}
1 & 0.3333 & 0.4133 & 0.2867 & 0.4133 & 0.3133 & 0.3767 & 0.2867\\
0.6667 & 1 & 0.4667 & 0.3667 & 0.3800 & 0.4067 & 0.4833 & 0.3200\\
0.5867 & 0.5333 & 1 & 0.4167 & 0.4367 & 0.4000 & 0.3867 & 0.3933\\
0.7133 & 0.6333 & 0.5833 & 1 & 0.5967 & 0.4967 & 0.5433 & 0.4867\\
0.5867 & 0.6200 & 0.5633 & 0.4033 & 1 & 0.5467 & 0.4800 & 0.3733\\
0.6867 & 0.5933 & 0.6000 & 0.5033 & 0.4533 & 1 & 0.5600 & 0.4433\\
0.6233 & 0.5167 & 0.6133 & 0.4567 & 0.5200 & 0.4400 & 1 & 0.4533\\
0.7133 & 0.6800 & 0.6067 & 0.5133 & 0.6267 & 0.5567 & 0.5467 & 1
\end{bmatrix}
$$

令 $\lambda=0.5133$，得 λ-截矩阵为

$$R_{0.5133}^{(2)}=\begin{bmatrix}1&0&0&0&0&0&0&0\\1&1&0&0&0&0&0&0\\1&1&1&0&0&0&0&0\\1&1&1&1&1&0&1&0\\1&1&1&0&1&1&0&0\\1&1&1&0&0&1&1&0\\1&1&1&0&1&0&1&0\\1&1&1&1&1&1&1&1\end{bmatrix}\tag{8.2}$$

根据式（8.2），应取要素集聚 x_9 为第二优越对象。

除去 $\boldsymbol{R}^{(2)}$ 中的第二优越对象 x_9 所在的行与列，得到新的模糊优先关系矩阵

$$\boldsymbol{R}^{(3)}=\begin{bmatrix}1&0.3333&0.4133&0.2867&0.4133&0.3133&0.3767\\0.6667&1&0.4667&0.3667&0.3800&0.4067&0.4833\\0.5867&0.5333&1&0.4167&0.4367&0.4000&0.3867\\0.7133&0.6333&0.5833&1&0.5967&0.4967&0.5433\\0.5867&0.6200&0.5633&0.4033&1&0.5467&0.4800\\0.6867&0.5933&0.6000&0.5033&0.4533&1&0.5600\\0.6233&0.5167&0.6133&0.4567&0.5200&0.4400&1\end{bmatrix}$$

令 $\lambda=0.4967$，得 λ - 截矩阵为

$$R_{0.4967}^{(3)}=\begin{bmatrix}1&0&0&0&0&0&0\\1&1&0&0&0&0&0\\1&1&1&0&0&0&0\\1&1&1&1&1&1&1\\1&1&1&0&1&1&0\\1&1&1&1&0&1&1\\1&1&1&0&1&0&1\end{bmatrix}\tag{8.3}$$

根据式（8.3）应取市场体系 x_5 为第三优越对象。

除去 $\boldsymbol{R}^{(3)}$ 中的第三优越对象 x_5 所在的行与列，得到新的模糊优先关系矩阵

$$R^{(4)}=\begin{bmatrix}1 & 0.3333 & 0.4133 & 0.4133 & 0.3133 & 0.3767\\ 0.6667 & 1 & 0.4667 & 0.3800 & 0.4067 & 0.4833\\ 0.5867 & 0.5333 & 1 & 0.4367 & 0.4000 & 0.3867\\ 0.5867 & 0.6200 & 0.5633 & 1 & 0.5467 & 0.4800\\ 0.6867 & 0.5933 & 0.6000 & 0.4533 & 1 & 0.5600\\ 0.6233 & 0.5167 & 0.6133 & 0.5200 & 0.4400 & 1\end{bmatrix}$$

令 $\lambda=0.4800$，得 λ - 截矩阵为

$$R_{0.4800}^{(4)}=\begin{bmatrix}1 & 0 & 0 & 0 & 0 & 0\\ 1 & 1 & 0 & 0 & 0 & 1\\ 1 & 1 & 1 & 0 & 0 & 0\\ 1 & 1 & 1 & 1 & 1 & 1\\ 1 & 1 & 1 & 0 & 1 & 1\\ 1 & 1 & 1 & 1 & 0 & 1\end{bmatrix} \tag{8.4}$$

根据式（8.4），应取市场体系 x_6 为第四优越对象。

除去 $R^{(4)}$ 中的第四优越对象 x_6 所在的行与列，得到新的模糊优先关系矩阵

$$R^{(5)}=\begin{bmatrix}1 & 0.3333 & 0.4133 & 0.3133 & 0.3767\\ 0.6667 & 1 & 0.4667 & 0.4067 & 0.4833\\ 0.5867 & 0.5333 & 1 & 0.4000 & 0.3867\\ 0.6867 & 0.5933 & 0.6000 & 1 & 0.5600\\ 0.6233 & 0.5167 & 0.6133 & 0.4400 & 1\end{bmatrix}$$

令 $\lambda=0.5600$，得 λ - 截矩阵为

$$R^{(5)}=\begin{bmatrix}1 & 0 & 0 & 0 & 0\\ 1 & 1 & 0 & 0 & 0\\ 1 & 0 & 1 & 0 & 0\\ 1 & 1 & 1 & 1 & 1\\ 1 & 0 & 1 & 0 & 1\end{bmatrix} \tag{8.5}$$

根据式（8.5），应取市场体系 x_7 为第五优越对象。

除去 $R^{(5)}$ 中的第五优越对象 x_6 所在的行与列，得到新的模糊优先关系矩阵

$$
\boldsymbol{R}^{(6)}=\begin{bmatrix} 1 & 0.3333 & 0.4133 & 0.3767 \\ 0.6667 & 1 & 0.4667 & 0.4833 \\ 0.5867 & 0.5333 & 1 & 0.3867 \\ 0.6233 & 0.5167 & 0.6133 & 1 \end{bmatrix}
$$

令 $\lambda=0.5167$，得 λ - 截矩阵为

$$
\boldsymbol{R}_{0.5167}^{(6)}=\begin{bmatrix} 1 & 0 & 0 & 0 \\ 1 & 1 & 0 & 0 \\ 1 & 1 & 1 & 0 \\ 1 & 1 & 1 & 1 \end{bmatrix} \tag{8.6}
$$

根据式(8.6)，应取社会网络 x_8 为第六优越对象。

除去 $\boldsymbol{R}^{(6)}$ 中的第六优越对象 x_6 所在的行与列，得到新的模糊优先关系矩阵

$$
\boldsymbol{R}^{(7)}=\begin{bmatrix} 1 & 0.3333 & 0.4133 \\ 0.6667 & 1 & 0.4667 \\ 0.5867 & 0.5333 & 1 \end{bmatrix}
$$

令 $\lambda=0.5333$，得 λ - 截矩阵为

$$
\boldsymbol{R}_{0.5333}^{(7)}=\begin{bmatrix} 1 & 0 & 0 \\ 1 & 1 & 0 \\ 1 & 1 & 1 \end{bmatrix} \tag{8.7}
$$

根据式(8.7)，应取社会网络 x_3 为第七优越对象。

除去 $\boldsymbol{R}^{(7)}$ 中的第七优越对象 x_3 所在的行与列，得到新的模糊优先关系矩阵

$$
\boldsymbol{R}^{(8)}=\begin{bmatrix} 1 & 0.3333 \\ 0.6667 & 1 \end{bmatrix} \tag{8.8}
$$

根据式(8.8)，应取基础设施 x_2 为第八优越对象，取自然资源 x_1 为第九优越对象。

综上，瓦房店轴承产业集群中要素集聚动力的重要性排序为：产业基础、要素集聚状况、市场体系、制度环境、根植性文化、社会网络、区位条件、基础设施、自然资源状况。

瓦房店轴承产业在产业演化过程中，验证了核心外围型产业的集聚路径。首先，在集群形成初期，资本快速向瓦房店集聚，企业数量迅速增加；其次，随着资本的流入和企业数量、规模的增加，吸引了大量的轴承产业工人的集

聚；再次，随着瓦房店轴承生产专业化程度的提高，形成了瓦房店地域品牌；最后，在核心企业——瓦轴集团——创新投入拉动下，外围型企业加入创新行列，引领着集群的技术升级和产品升级。

在产业演化方面，瓦房店轴承产业集群在集聚综合效应下，实现了产业的经济变迁。瓦轴集团注重创新性发展，在配套企业竞争中，金峰轴承率先实现了创新突围，形成了以瓦房店冶金轴承集团有限公司、光阳轴承集团有限公司等10余家企业为代表的第二梯队，引领集群的技术变迁。不但符合产业演化规律，而且进一步推动了产业演化过程中创新层次化的理论创新。

8.4　东北地区产业集群发展路径借鉴

瓦房店轴承产业是东北老工业基地的典型产业之一，其形成原因、产业的初期状况、区域文化、制度环境等都具有较强的代表性，瓦房店产业集群的形成与发展对东北其他产业具有很好的借鉴意义。① 雄厚的产业基础是产业集群形成的基础条件，东北地区是老工业基地，东北地区在工业布局初期的指导思想是就地建厂、以厂建市、一厂一市、一业兴城，因此，许多城市拥有独具特色的重工业行业，这些行业具有较长的历史和雄厚的产业基础。② 需求市场是产业集群形成的保障，在行业发展过程中，应把握市场需求的趋势，依靠地方产品的多样性和成本优势，力图形成具有地方特色的产品集散地，拉动行业的产品需求。③ 东北地区具有较为雄厚的产业基础，但很多地方存在的现实情况是一个大型国有企业就是该市的一个行业，即“一企一业”的状况，虽然从产值来看，该产业是支柱性产业，也具有浓厚的产业特色，但是不具有产业集群的优势；同时，由于“将鸡蛋放在一个篮子里”，地方经济存在极大的风险。地方应该以大型企业为依托，通过发展配套产业，形成产业集群，从而促进主导产业健康发展。其中，企业数量的增加是关键，企业数量可以通过招商引资、大企业附属业务的分离、新建企业等多种途径来实现。④ 技术溢出是产业集群形成与发展的主要因素，技术溢出的载体是社会网络，因此，地方政府应该注重以本地根植文化为依托的本地社会网络资源。⑤ 当产业集群发展到一定阶段，政府和行业协会的作用非常巨大，产业监管和自律、区域创新体系的形成、产业工人的培训、生产性服务业的发展等，无不关系到产业集群的健康发展。

综上，东北地区一些行业能够借鉴瓦房店轴承产业集群的形成与发展路径，具体措施如下：依托大企业和雄厚的产业基础，建立与产业相关的区域根植文化；完善基础设施，优化企业投资硬环境；拓宽知识溢出的途径，创造知识溢出的环境；制定各种优惠的土地、融资和财税政策，为新企业的成功打基础；以典型成功企业为示范，通过招商引资、大企业业务的分离、新建企业等多种途径，增加同行业和上下游企业数量；加强制度建设和软环境建设，在企业集聚的基础上，形成独具特色的产品集散地；科学规划，通过政府监管和行业协会的行业自律，规范行业健康发展；政府制定政策，鼓励职业培训的发展，为产业集群的发展储备大量的技术工人，鼓励生产性服务业快速发展；帮助企业与科研机构建立战略合作伙伴关系，形成创新环境，从而为产业集群的发展和演化奠定基础。

8.5 本章小结

瓦房店轴承产业集群是东北地区典型的产业集群之一，孕育于改革开放初期，由于瓦轴集团的技术溢出和改革开放初期鼓励乡镇企业发展的融资政策，使得第一个乡镇企业获得成功，乡镇企业的发展为集群内企业的创建和发展形成了示范效应。在国企改革过程中，一方面，附属企业的分离为集群的发展带来了活力；另一方面，减员增效为集群的发展提供了大量的人力资本，加上20世纪80年代到90年代短期经济为企业的快速发展提供了得天独厚的条件，到21世纪初期，瓦房店产业集群雏形已基本形成。集群的发展曾陷入低端循环和恶性竞争的危险状态，在政府监管和行业自律作用下，集群进入了良性发展轨道，政府对集群进行了科学、合理的规划，鼓励企业与科研机构建立联系，形成了以企业为创新主体、政府协助和推动、高校和科研机构密切协作的区域创新体系，使集群得以较好的提升和发展。瓦房店轴承产业集群的形成和发展能够为东北老工业基地许多区域及产业以集群的形式快速发展提供很好的借鉴。

第 9 章　促进东北地区产业集群形成与良性发展的政策建议

东北地区的经济具有鲜明的区域特点，区域内部产业集群的发展在区域文化、产业基础条件、企业结构、产业形成历史、市场化程度、面临的机遇与挑战、国家政策等方面，具有明显的相似性。根据产业集群形成和演化机理的理论分析、东北地区产业集群的状况和存在的问题分析、东北地区产业集群的演化特征与影响因素分析，以及对沈阳市战略性新兴产业集群集聚动力的研究，对东北地区典型产业集群——瓦房店轴承产业集群——的形成和发展的借鉴，提出如下有利于促进东北地区产业集群形成和良性发展的政策建议。

① 东北地区位于东北亚地区，拥有较多的口岸城市和较长的海岸线，具有很好的区位优势。在计划经济时期，东北地区肩负着向内地供应原材料、粮食和机械设备的功能，因此，交通主干按照进关方向修建，并非按照向口岸城市和沿海城市的放射状修建，使得东北地区的区位条件大打折扣。为了发挥东北地区的区位优势，应该大力发展面向辽宁沿海经济带、满洲里、绥芬河、珲春等口岸城市的交通设施，为招商引资和承接产业转移打基础。抓住“一带一路”国家战略机遇，扩大对外开放。东北地区利用沿海沿边的地理优势，加大港口和保税区建设，加强自由贸易区建设，促进与东北亚乃至中欧国家的国际贸易和国际投资，使东北地区产业融入国际产业链条。一方面能够倒逼东北地区市场化改革进程，另一方面有利于形成较大规模的专业化市场，促进产业集群的形成。充分利用东北地区工业化基础、高端制造业研发和制造基础、制造业产业工人资源基础，积极将我国的工业 2025 与德国工业 4.0 对接，激发高端制造业活力，以大型高端制造业企业为引领，培育更多的中小科技型企业和科研机构参与，形成技术互补、产业链分工合理、专业化程度高、既竞争又合作的市场主体，形成产业集群发展的基础条件。

② 东北老工业基地在机床、软件、造船、轴承、制冷设备、汽车制造、轨道交通设备制造、石油开采和炼化、精细化工产品、煤炭开采及设备制造、钢铁冶炼、镁产品加工、输变电设备、锅炉及动力设备、化工设备、农产品及

其深加工、新能源、制药等领域均具有较强的产业基础，努力发展这些传统的优势产业是形成产业集群重要的产业基础。

③ 充分利用好国家“振兴东北老工业基地”的各种政策，抓住国内外产业转移的大好时机。针对国家出台的各种政策，各级地方政府应该有针对性地制定自己的政策来刺激主导产业的快速发展，对主导产业科学规划、良性发展。在国际经济一体化的大背景下，国外许多与东北相关产业向外转移。随着经济的快速发展，我国东部地区的资源环境承载能力接近极限，经济转型和产业升级势在必行，许多产业向其他地区转移。东北地区应抓住时机，搞好产业对接，加大招商引资力度，迅速地促进主导产业集群的形成与发展。

④ 加快制度转型，减少产业集群的形成与发展的制度性约束。从制度的顶层设计入手，消除计划经济遗留的国有企业和民营企业不平等的观念，重新认识非国有企业对经济的贡献率，特别是在市场机制建立过程中所起的无可替代的重要作用，在政府执法、土地政策、财税政策、融资政策、科技支持政策等方面给予扶持。鼓励大型国有企业以平等的观念对待中小型非国有企业，按照市场规则，与中小型企业建立多方面的联系。大力推行政企分开，建设服务型政府，将经营权利彻底交给企业，政府只在宏观上给予企业指导，为企业的发展提供政策和服务，禁止政府以任何形式干预企业的经营活动，将市场能做的事情彻底交给市场，减少行政手段在市场上获利的机会，从而推动制度转型。对于国有企业的经营者，建立合理的考核体系进行考核，按照行业的平均资产回报率、企业成长速度、企业发展潜力、无形资产增值等，建立合理的考核指标，对国有企业经营和管理者进行考核，使国有企业真正成为以利润为中心、以企业发展为目标的市场主体，以刺激企业提出制度转型的需求。形成以国有企业的企业家为主导、非国有企业企业家为主力的制度转型行为主体力量，从而建立有利于产业集群发展的经济制度环境。

⑤ 合理化区域企业结构，增加企业总体数量。东北老工业基地各个区域的共同特点是大型国有企业所占比重偏大，有些城市只靠一个大型企业支撑整个产业。一方面是企业结构不合理，另一方面是企业数量偏少，较少的企业数量和不合理的企业结构无法形成产业集群。优化企业结构，增加企业数量，可以通过如下措施来实现。第一，鼓励大型国有企业对非核心业务进行分离，这样既有利于大型企业将资源全部用于核心业务，增强企业的核心竞争能力，又可以将非核心业务进行专业化、市场化运作。通过专业化运作，实现非核心业务竞争能力增强的目的；既增强了市场化程度、增加了企业数量，又实现了区

域内企业之间业务的相互关联，有利于产业集群的形成与发展。第二，在区位优势和产业优势的基础上，利用产业政策、土地政策、融资政策、财税政策等吸引外资和民间资本，加大招商引资力度，从而实现企业结构优化和企业数量增加的目的。

⑥ 增加产品种类，降低产品成本，形成产品集散地。在生产企业数量大规模增加的基础上，企业之间的竞争加剧。在激烈竞争的环境中，为了获得更大的利润，竞相降低成本，不断追求产品的差异化，容易形成产品的低价格和多样化。政府部门应抓住机会，加大宣传力度，利用招商会、展销会、行业论坛等手段，增加区域产业的影响力，吸引大量的海内外批发和零售商进入本地，形成产品集散地。一方面增加市场的影响力，另一方面增加地区的知名度，市场影响力和地区知名度相互促进，进一步加大地区对要素的吸引能力，形成要素的集聚效应。

⑦ 加强社会网络建设，支持技术溢出，增强企业活力。企业集聚是产业集群形成的基础，企业间在各种业务上的相互联系是构成产业集群的重要条件。建立财税政策，鼓励区域内部企业间进行业务往来，在区域内上下游企业之间形成产业生态链。加强企业与大学及科研机构的交流，鼓励区域之内成果转化和科研平台共享。加强民间行业协会建设，使之真正成为行业自我监管、自我凝聚、自我交流和信息扩撒的源泉。鼓励大型企业的离退休职工和下岗职工在区域内再就业或者创业，取缔员工自由流动的各种限制，通过离退休技术骨干和知识员工的流动或创业，使知识溢出渠道更为通畅，有利于中小企业的快速成长和区域产业的快速发展。鼓励在区域内成立包括企业家、中高层管理者、技术专家、技术工人的各种俱乐部，增大企业之间相互交流的机会，有利于技术、市场、价格等信息的流通，有利于企业之间创新、联合融资、业务合作等，在区域内建立既竞争又合作的企业氛围。

⑧ 加强创新体系建设，促进产业集群的良性发展。政府在区域创新体系形成过程中，应肩负起组织和引领作用。政府应积极与大学和科研机构建立联系，给予优惠政策，吸引科研机构进驻本地区，或者与本地区的政府和企业形成长期、稳定的合作关系。政府建立支持技术创新的专项基金，建立技术创新的风险专项基金，建立鼓励创新的税收、融资、土地、技术入股等相关政策，鼓励企业成为创新主体，积极主动地投入到创新活动中，企业是市场的竞争主体，是产品市场的供给者、创新技术的需求者，只有通过企业，才能指引获得巨大收益的技术创新方向；只有企业具有强大的创新动力，才能积极地进行自

主研发、与科研机构合作研发、购买和引进先进技术，才能使创新成果的转化速度更快，通过成果的产业化，在市场上获取巨大的利润，进一步刺激创新活动。应鼓励行业协会、技术服务公司、信息服务公司的建立，为行业的发展获取外部信息，通过产业集群与外部的信息交换，获得发展活力。

⑨ 培养有利于产业集群形成与发展的根植性区域文化。根植性文化对产业集群的形成与发展至关重要，一些“不成文的规定”或“潜规则”是企业运作模式和发展战略制定所考虑的关键因素，是企业的隐性成本的主要来源，是企业文化形成过程中的主要影响因素。政府应通过各种渠道培育有利于产业集群形成与发展的地区根植性文化，如尊重以契约精神为主的市场规则文化，为行业发展作贡献的行业自豪感，不畏艰苦、勇于拼搏的精神，敢担风险、乐于创新的创新创业文化，等等。这些能够降低企业的运作风险，有利于企业快速发展的区域文化是产业集群吸引要素和良性发展的“空气”。

⑩ 加强有利于产业集群形成与发展的职业化教育和人才培养。产业集群的形成与发展需要大批具有高技能的产业工人的支撑，东北老工业基地具有大量的产业工人，但由于国有企业所占比重较大，这些高技能的产业工人大多数被锁定在大企业中，虽然每年都有一部分离退休的高级技师可以供给产业集群发展的需求，但远远不能支撑产业集群中企业数量的快速扩大和产业集群的快速发展。在产业集群形成与发展初期，政府应加大力度培育职业教育，政府直接投资职业教育，鼓励大企业的职业教育以市场化的方式向地方开放，为地方产业集群的发展提供专业化程度较高的产业工人队伍。随着产业集群的快速发展，一方面对职业工人吸引力度加大；另一方面职业工人在竞争的压力下，自我教育的意识逐步加强，培训市场和人才流动市场就能够为集群的发展提供足够的人力资本。

第 10 章 结论与展望

在我国，东北地区是工业形成较早的地区之一，自然资源丰富、区位条件优越，新中国成立以后，国家在东北地区投入了大量的资金和项目，东北地区的基础设施、城市化程度和人均产值一度居全国前列。改革开放以后，东北经济陷入了低增长的困境。2003 年，国家提出振兴东北老工业基地的战略，诸多振兴措施不断实施，各地方也相应地制定了振兴规划，东北地区经济增长速度逐渐进入了快车道。但东北地区的转型滞后、结构不合理等根本性问题并没有解决。从 2013 年开始，随着我国经济换挡期到来，经济增长方式转变、供给侧改革等国家经济发展策略的实施，东北地区产业结构不合理、产能过剩的传统产业所占比重大、吸引投资缺乏力度等劣势逐渐显现，出现了新一轮的经济下滑。

本书在前人研究的基础上，对产业集群形成与演化机理进行了研究，通过研究，得出如下结论：产业集群是一种开放系统，系统的结构决定系统内部的主要矛盾和系统的演化方向。对于产业关联度较大的企业群体，政府机构，挑剔型的客户群体，代表企业群体的行业协会，由政府、企业、研究机构、高校、行业协会、信息和科技服务公司共同形成的创新体系，以及产业集群形成和发展所需要的基础硬环境与制度软环境，这些产业集群形成与发展的构成要素，不同类型的产业集群起步阶段的主导力量各有不同，因此，对于不同类型的产业集群，应该采取不同的政策措施，来引导产业集群的快速发展和集群的优化升级。从微观层面上，产业集群的形成体现为可流动性要素的集聚，初始阶段，由于非流动性要素中的某些要素起到吸引作用，在一定区域，产生了企业的集聚，集聚效应与非流动性要素中的人文要素相互加强，形成了产业集群。因此，在产业集群形成初期和形成过程中，非流动性要素起到至关重要的作用，特别是要注重人文要素的积累和培养。在产业集群演化过程中，根植性的文化对可流动性要素起到吸附和锁定作用。集群系统与外界信息的交换，内部的创新行为维持了产业集群的良性发展。

随着市场化程度的不断加深，一些产业集群的雏形在东北地区形成，如汽车产业集群、石化产业集群和精细化工产业集群、农产品加工产业集群、医药业产业集群、造船及零部件产业集群、服装产业集群等。但是东北产业集群仍处于集群形成和发展初期，对东北地区产业集群的形成和发展规律进行探索，有利于运用产业集群这一优秀的产业组织形成，进一步促进东北地区经济全面振兴。

东北地区具有诸多有利于产业集群形成的优势，软环境方面包括振兴东北的政策优势和国内外产业转移的良好机遇。除了环境优势以外，东北地区具有自身的内部优势。例如，独特的区位优势、自然资源优势、具有较强的产业基础、完善的基础设施，以及长期以来积累了大量的人力资本优势等。东北地区应充分发挥自身的优势，抓住机遇，促进产业集群的快速形成。

影响东北地区产业集群形成与发展的因素分为软因素和硬因素，软因素包括根植性地区文化，制度变迁和现行制度，企业社会网络资源；硬因素在本书中主要涉及东北地区产业和企业的状况与特点。在根植性文化方面，东北地区制约产业集群形成与发展的因素包括：缺乏冒险精神和创新精神；契约精神缺失，诚信体系状态较差；法律和制度的软约束；官本位思想严重。在制度因素方面，制约着东北地区产业集群的发展因素包括：补偿机制尚未建立，地区之间的协调难度较大；计划经济时期建立的企业不平等尚未被消除；我国的渐进改革过程，延迟了东北地区产业集群的形成；东部发达地区的要素锁定效应使东北地区产业集群发展缓慢；东北地区制度转型的摩擦成本较大，不利于产业集群的形成；制度转型的行为主体动力缺乏，制约了产业集群的形成与发展。制约东北产业集群形成与发展的社会网络因素表现为：在东北地区，大型国有企业所占比重较大，在政府机构行政权力干预市场的状况下，形成了以政府为中心的社会网络，企业之间、企业与科研机构之间的联系较少，不利于产业集群的形成。在产业因素方面，东北地区第二产业所占比重较大，其中重工业所占比重过大，进入门槛较高，不利于中小企业投资；由于服务业市场供给不足，生产性服务业内嵌于大型国有企业，抑制了产业集群的形成；东北地区工艺、设备更新滞后，资源枯竭对要素缺乏吸引力。

以沈阳市战略性新兴产业为例，研究了产业集群的集聚动力，因为战略性新兴产业是东北地区的发展方向，是能够带动东北地区未来整体经济走出困境的发动机。通过研究发现，沈阳市战略性新兴产业的发展具有诸多优势，但是产业集群尚未形成，调控动力对沈阳市战略性新兴产业中企业的集聚起到主要支配作用，其中创新系统和市场化环境是调控动力中的关键因素。创新要素环境的建设、区域协同创新系统的完善、创新能力的提升、创新信息的共享、创新平台的开发是创新系统建设的关键。政府从干预市场到服务与监管职能的转变、诚信体系的建立、投融资制度的创新、财政政策的支持、科研与检测平台的建设、企业交流平台的建设、行业协会与政府的分离，以及民间行业协会的建立、专业市场的建设与引导、鼓励技术创新及成果转化政策创新是政策系统努力的方向。

以瓦房店轴承产业为例，分析了东北地区产业集群形成与发展的路径，由于东北地区的很多区域和产业与瓦房店轴承产业发展非常相似，因此，东北地区一些行业能够借鉴瓦房店轴承产业集群的形成与发展路径，具体措施如下：依托大企业和雄厚的产业基础，建立与产业相关的区域根植文化；完善基础设施，优化企业投资硬环境；拓宽知识溢出的途径，创造知识溢出的环境；制定各种优惠的土地、融资和财税政策，为新企业的成功打基础；以典型成功企业为示范，通过招商引资、大企业业务的分离、新建企业等多种途径，增加同行业和上下游企业数量；加强制度建设和软环境建设，在企业集聚的基础上，形成独具特色的产品集散地；科学规划，通过政府监管和行业协会的行业自律，规范行业的健康发展；政府制定政策，鼓励职业培训的发展，为产业集群的发展储备大量的技术工人，鼓励生产性服务业快速发展；帮助企业与科研机构建立战略性合作伙伴关系，形成创新环境，从而为产业集群的发展和演化奠定基础。

最后，提出了促进东北地区产业集群形成与发展的政策建议：① 为了发挥东北地区的区位优势，应该大力发展面向辽宁沿海经济带、满洲里、绥芬河、珲春等口岸城市的交通设施，为招商引资和承接产业转移打基础。抓住“一带一路”国家战略机遇，扩大对外开放，使东北地区产业融入国际产业链条。一方面能够倒逼东北地区市场化改革的进程；另一方面有利于形成较大规模的专业化市场，促进产业集群的形成。充分利用东北地区的产业优势，积极将我国的工业2025与德国工业4.0对接，激发高端制造业活力，以大型高端制造业企业为引领，培育更多的中小科技型企业和科研机构参与，形成技术互补、产业链分工合理、专业化程度高、既竞争又合作的市场主体，形成产业集群发展的基础条件。② 努力发展传统的优势产业是形成产业集群的重要产业基础。③ 充分利用好国家“振兴东北老工业基地”的各种政策，抓住国内外产业转移的大好时机，搞好产业对接，加大招商引资力度，迅速促进主导产业集群的形成与发展。④ 加快制度转型，减少产业集群的形成与发展的制度性约束，从而建立有利于产业集群发展的经济制度环境。⑤ 加大非国有企业的培育力度，鼓励非国有企业快速发展，从而合理化区域企业结构，增加企业总体数量。⑥ 增加产品种类，降低产品成本，形成产品集散地，进一步加大地区对要素的吸引能力，形成要素的集聚效应。⑦ 加强社会网络建设，支持技术溢出，增强企业活力，有利于企业之间的创新、联合融资、业务合作等，在区域内，建立既竞争又合作的企业氛围。⑧ 加强创新体系建设，促进产业集群良性发展。⑨ 培养有利于产业集群形成与发展的根植性区域文化，培育以契约精神为主的市场规则文化，为行业发展作贡献的行业自豪感，不畏艰苦、勇于拼搏的精神，敢担风险、乐于创新的创新创业文化。⑩ 加强有利于产业集群形成与发展的职业化教育和人才培养。在产业集群形成与发展初期，政府应加大力度培育职业教育，政府直接投资职业教育，鼓励大企业的职业教育以市场化方式向地方开放，为地方产业集群的发展提供专业化程度较高的产业工人队伍。

需要进一步研究和探讨的问题如下。① 东北地区具有良好的区位条件、雄厚的产业基础、丰富的自然资源和人力资本，集群发展滞后的主要原因并不只在于经济结构的影响，否则东北特色农业的集聚程度也较滞后的原因就难以解释了，笔者认为，历史形成的东北文化和制度因素是影响东北地区产业集群形成与发展的重要因素，在文中虽然进行了分析，但文化特点的剖析和影响机理等方面的研究有待于进一步加深。② 以瓦房店轴承产业集群为例，研究东北产业集群发展的路径，由于东北地区历史上形成了以大型国有企业为主体的典型经济结构，这对于以大型国有企业为主的地区形成轮轴式的产业集群具有很好的借鉴意义，但事实上，对于以中型企业为主体的卫星式产业集群和以小企业为主体的“意大利式”产业集群在东北的形成与发展如何，也是一个值得研究的问题，由于篇幅有限，没有对这两种产业集群在东北的形成与发展规律进行有针对性的探讨。③ 目前我国的统计以行政区域为单位，统计口径中行业的分类按照国家规定的标准，但产业集群多为跨行政区域，而且产品种类比较集中，不符合现实中的统计口径，因此，产业集群的准确数据难以获得，而运用现实中的统计数据难以准确说明产业集群的发展规律。文中定量研究采用了调查问卷和模糊数学的处理方法，对于集群发展研究中指标的制定和准确数据的收集与处理是进一步研究的方向。

参考文献

[1] 侯志茹.产业价值链视角下的东北地区产业集群发展问题研究[J].经济纵横,2009(12):76-78.

[2] 赵峰.论产业集群对振兴东北老工业基地的战略支持[J].经济纵横,2006(10):68-71.

[3] 徐传谌,陈磊.产业集群策略与东北老工业基地振兴研究[J].经济纵横,2008(11):34-36.

[4] 王英.论产业集群发展对振兴东北老工业基地的作用[D].长春:东北师范大学,2007.

[5] 齐讴歌.产业集群与东北经济区共同发展研究[D].西安:西北大学,2006.

[6] 王子良,金喜在.东北地区产业集群发展的制度分析[J].东北师大学报(哲学社会科学版),2008(4):36-40.

[7] 高斌,丁四保.东北地区产业集群发展问题及战略研究[J].东北师大学报(哲学社会科学版),2008(2):74-78.

[8] 徐充.东北老工业基地产业集群的转型与发展[J].求是学刊,2005(3):56-68.

[9] 张米尔,田丹.制度变迁背景下东北装备制造业集群的演进:以瓦房店轴承产业集群为例[J].公共管理学报,2007(10):53-60.

[10] 张芳.企业集群的形成与东北老工业基地振兴[J].北方经贸,2008(10):55-57.

[11] 王樵.东北地区产业集群形成与发展问题研究[D].长春:东北师范大学,2007.

[12] 邹学慧.培育新兴产业集群　振兴东北老工业基地[J].西安财经学院学报,2009(3):47-50.

[13] 胡瑶瑛,吴恒芝,孙彩.东北老工业基地产业集群的衍生路径研究[J].科技与管理,2010(5):1-5.

[14] 付晓东.产业集群与东北老工业基地产业布局调整[J].经济经纬,2007

(5):69-72.

[15] PORTER MICHAEL E. Location competition, and economic development: local clusters in a global economy[J]. Economic Development Quarterly. 2000, 14(1):15-34.

[16] 马歇尔. 经济学原理[M]. 商务印书馆,1995:279-284.

[17] 邹俊善. 现代港口经济学[M]. 北京:人民交通出版社,1997:1-12.

[18] PORTER MICHAEL E. The competitive advantage of nations[M]. New York: The Free Press, 1990.

[19] 王步芳. 世界各大主流经济学派产业集群理论综述[J]. 外国经济与管理,2004(1):12-16.

[20] EDWIN S MILLS. Sources of metropolitan growth[J]. Center for Urban Policy Research, 1992.

[21] PAUL KRUGMAN. Increasing returns and economic geography[J]. Journal of Political Economy, 1991, 99(3):483-499.

[22] PAUL A. Alvin Hansen as a creative economic theorist[J]. The Quarterly Journal of Economics, 1976, 90(1):24-31.

[23] PIORE, SABLE. The second industrial divide: possibilities for prosperity[M]. New York: Basic Books, 1984:17.

[24] RAMON MARIMON, JUAN PABLO NICOLINI, PEDRO TELES. Money is an experience good: competition and trust in the private provision of money[M]. Journal of Monetary Economics, 2012, 59(8):815-825..

[25] ANNALEE SAXENIAN. Regional advantage: culture and competition in silicon valley and route 128[M]. Harvard University Press, 1996.

[26] 惠凯,逯宇铎. 临港产业集群研究[M]. 北京:华龄出版社,2006:9-18.

[27] AVINASH K DIXIT. Optimization in Economic Theory[M]. Oxford University Press, USA. 1990.

[28] UWE WALTZ. Transport costs, intermediate goods, and localized growth[J]. Regional Science and Urban Economics, 1996, 26(6):671-695.

[29] MARTINE, RON. The New "Geographical Turn" in economics: some critical reflections[J]. Cambridge Journal of Economics, 1999, 23(1):65.

[30] PAUL KRUGMAN, ANTHONY J VENABLES. Integration, specialization, and adjustment[J]. European Economic Review, 1996, 40(3):959-967.

[31] ARROW, KENNETH J. The economic implications of learning by doing[J]. Review of Economic Studies(The Review of Economic Studies, 1962, 29(3): 155-73.

[32] CHRISTOPHER FREEMAN, JOHN CLARK, LUC SOETE. Unemployment and technical innovation: a study of long waves and economic development [M]. New York: Greenwood Press, 1982.

[33] RYI BAPTISTA, PETER SWANNB. Do firms in clusters innovate more? [J] Research Policy, 1998, 27(5): 525-540.

[34] MAILLAT. Technology district and innovation: the case of the Swiss jura arc [J]. Regional Studies, 2005, 29(3): 251-263.

[35] MARY AMITI. Regional specialisation and technological leapfrogging[R]. School of Economics, La Trobe University, 1998.

[36] TJALLING C KOOPMANS. Optimum utilization of the transportation system [J]. Econometrica, 1949, 17(7): 136-146.

[37] MFUJITA, J F THISSE. Agglomeration and market interaction[J]. Core Discussion Papers Kp, 2002, 21(6): 1-45.

[38] YI WEN. Indeterminacy, Dynamic adjustment costs, and cycles[J]. Economics Letters, 1998, 59(2): 213-316.

[39] 仇保兴. 小企业集群研究[M]. 上海:复旦大学出版社,1999:34-37.

[40] 盖文启,王缉慈. 从硅谷的成功看中国高新区的发展[J]. 中国工业经济,1999(2):38-42.

[41] 梁小萌. 规模经济和产业集聚及区域协调[J]. 改革与战略,2001(5):12-16.

[42] 张仁寿,丁静. 民营企业制度再创新思路探讨[J]. 浙江经济,1999(4):34-36.

[43] 李新春. 企业集群化成长的资源能力获取与创造[J]. 学术研究,2002(7):10-12.

[44] 陈介玄. 协力网络与生活结构:台湾中小企业的社会经济分析[M]. 台北:聯經出版事業公司,1994.

[45] 吴思华. 企业与环境个案集[M]. 台北:政大企研所所友会出版,1992.

[46] 阿尔弗雷德·韦伯. 工业区位论[M]. 李刚剑,等译. 北京:商务印书馆,1997.

[47] COASE R H. "The Nature of the Firm", in the firm, the market, and the Law [M]. Chicago: The University of Chicago Press, 2002.

[48] OLIVER E. Williamson. The economic institute of capitalism[M]. New York: The Free Press, 1985.

[49] 姜义平. 产业集群形成和发展条件探析[J]. 产业经济, 2007(9): 72-73.

[50] 蔡绍洪, 彭仕政, 赵行知, 等. 耗散结构与非平衡相变原理及应用[M]. 贵阳: 贵州科技出版社, 1998: 41-48.

[51] 许国志, 顾基发, 车宏安. 系统科学[M]. 上海: 上海科技出版社, 2003: 249-295.

[52] 于刃刚, 戴宏伟. 生产要素论[M]. 北京: 中国物价出版社, 1999: 3-5.

[53] 义旭东. 论区域要素流动[D]. 成都: 四川大学, 2005: 1-8.

[54] PENROSE, EDITH T. The theory of the growth of the firm[M]. Oxford: Basil Blackwell, 1959.

[55] FUJITA, KRUGMAN. The new economic geography: past, present and future [J]. Papers Regional Science, 2004, 83(1): 139-164.

[56] CASTEIIS M. The rise of network society[M]. Oxford: Blackwell, 1996.

[57] SALTER W E G. Productivity and technical change[J]. Cambridge University Press, Cambridge, 1960.

[58] PAUL SAMUELSON. Price of goods and factor in general equilibrium[J]. Review of Economic Studies, 1954: 1-20, 21.

[59] CHOI E K, HARRIGAN J. The economic geography of trade, production and income: a survey of the empirics[M]//OVERMAN H G, REDDING S, VENABLES A J. Handbook of International Trade. London: Blackwell Publishing Ltd., 2003: 350-387.

[60] 李群. 基于资源流动的区域经济发展研究[D]. 西安: 西北工业大学, 2006.

[61] 张世晓. 要素流动粘性、制度竞争与区域经济均衡[J]. 广东商学院学报, 2006(3): 4-8.

[62] 杨省贵, 顾新. 区域创新体系间创新要素流动研究[J]. 科技进步与对策, 2011(12): 60-64.

[63] 赵卓, 王敏. 产业演化动力机制研究新进展[J]. 理论探讨, 2012(4): 103-106.

[64] EIJI YAMAMURA, TETSUSHI SONOBE, KEIJIRO OTSUKA. Time path in innovation, imitation, and growth: the case of the motorcycle industry in post-war Japan[J]. Journal of Evolutionary Economics, 2005(15): 169-186.

[65] BENKARD C LANIER. A dynamic analysis of the market for wide-bodied commercial aircraft[J]. Review of Economic Studies, 2004, 71: 581-611.

[66] EMANUELA RANDON, AHMAD NAIMZADA. Dynamics of the non linear learning curve with spillovers in a differentiated oligopoly: effects on industry structure[J]. Journal of Evolutionary Economics, 2006(17): 95-106.

[67] BOTTAZZI L. Globalization and local proximity in innovation: a dynamic process[J]. European Economic Review, 2001, 45(4-6): 731-741.

[68] JAMES BERGIN, DAN BERNHARDT. Industry dynamic with stochastic demand[J]. RAND Journal of Economics, 2008, 39: 41-68.

[69] ANTONELLI C. The digital divide: understanding the economics of new in formation and communication technology in the global economy[J]. Information Economics Policy, 2003, 15: 173-199.

[70] LEWIN A Y, LONG C P, CARROLL T N. The coevolution of new organizational forms[J]. Organization Science, 1999(10): 535-542.

[71] PELIKAN R. Bringing institutions into evolutionary economics: another view with links to changes in physical and social technologies[J]. Journal of Evolutionary Economics, 2003, 13: 237-258.

[72] 朱卫平,陈林. 产业升级的内涵与模式研究:以广东产业升级为例[J]. 经济学家,2011(2):60-66.

[73] 张幼文,薛安伟. 要素流动对世界经济增长的影响机理[J]. 世界经济研究,2013(2):3-8.

[74] 赵儒煜,邵昱晔. 要素流动与区际经济增长[J]. 求索,2011(2):69-71.

[75] ROSENSTEIN-RODAN P N. Notes on the theory of the "big push"[C]// ELLIS H S, WALLICH H C. Econanic Development of Latin America. London: Macmillan, 1961: 57-67.

[76] ROSENSTEIN-RODAN P N. Problems of industralization of eastern and south-eastern Europe[J]. Economic Journal, 1943, 53(4): 202-211.

[77] 焦勇. 生产要素地理集聚会影响产业结构变迁吗[J]. 统计研究,2015(8):54-61.

[78] 谢露露. 产业结构调整、劳动力跨区域流动和集聚效应[J]. 上海经济研究,2013(1):99-106.

[79] PAVITT K. Technologies, products and organization in the innovating firm: what Adam Smith tells us and Joseph Schumpeter doesn't[J]. Industrial and Corporate Change,1998,7(3):433-452.

[80] WILLIAMSON OLIVER E. Transaction cost economics: the governance of contractual relations[J]. Journal of Law and Economics,1979.

[81] MALMBERG A. Industrial geography: location and learning[J]. Progress in Human Geography,1997,21(4):573.

[82] ARNTZ M. "What Attracts Human Capital? Understanding the skill composition of interregional job matches in Germany"[J]. Regional Studies,2010,44(4):423-441.

[83] 王宁. 地方分层、人才流动与城市人才吸引力:"地理流动与社会流动"理论探究之二[J]. 同济大学学报(社会科学版),2014(12):47-55.

[84] BUCH T, HAMANN S, NIEBUHR A, et al. What makes cities attractive? The determinants of urban labour migration in Germany[J]. Urban Studies,2014,51(9):1960-1978.

[85] RODRIGUEZ－POSE A, KETTRER T D. Do Local Amenities Affect the Appeal of Regions in Europe for Migrants? [J]. Journal of Regional Science,2012,52(4):535-561.

[86] HENDERSON, VERNON. Understanding knowledge spillovers[J]. RWWegional Science and Urban Economics,2007,37(4):497-508.

[87] 易苗,周申. 开放与我国跨区域劳动力流动:一个新的理论解释[J]. 人口与经济,2014(4):51-64.

[88] 李用俊. 商务成本、要素流动与我国产业区际转移[J]. 商业研究,2011(8):29-33.

[89] 邵文武,黄训江. 竞争企业间学习内在逻辑研究[J]. 科技进步与对策,2014(11):122-127.

[90] 廖晓昕. 稳定性的理论、方法和应用[M]. 武汉:华中科技大学出版社,2010.

[91] BRIAN UZZI, LUIS AN AMARAL, FELIX REED－TSOCHASF. Small world networks and management science research: a review[J]. European Manage-

ment Review,2007,4(2):77-91.

[92] BRIAN UZZI. Social structure and competition in interfirm networks:the paradox of embeddedness[J]. Administrative Science Quarterly,1997,42(1):35-67.

[93] COOKE P,MORGAN K. The associational economy:Firms,regions,and innovation[M]. Oxford:Oxford University Press,1998.

[94] POULIN R,BOILY M C,MASSE B R. Dynamical systems to define centrality in social networks[J]. Social Networks,2000,22(3):187-220.

[95] MARKUSEN A. Sticky places in slippery space:a typology of industrial districts[J]. Economic Geography,1996,72(3):293-313.

[96] PETER KNORRINGA,JORG MEYER STAMER. New dimensions in local enterprise cooperation and development:from clusters to industrial districts[R]. ATAS Bulletin XI"New approaches to science and technology co-operation and capacity building."Haga-Duisburg,1998(10).

[97] 郭南芸.企业成长与产业网络自组织演进研究[J].科技管理研究,2011(4):225-228.

[98] 曾刚,林兰.不同空间尺度的技术扩散影响因子研究[J].科学学与科学技术管理,2006(2):22-27.

[99] RAGHU GARUD,PRAVEEN R NAYYAR. Transformative capacity:continual structuring by intertemporal technology transfer[J]. Strategic,management Journal,1994,15(5):365-385.

[100] DAVID ANDOLFATTO,GLENN M MACDONALD. Technology diffusion and aggregate dynamics[J]. Review of Economic Dynamics,1998,1(2):338-370.

[101] PREISSL B. Strategicuse of communication technology-diffusion processes in networks and environments[J]. Information Economics and Policy,1995,7(1):75-99.

[102] 张辽,宋尚恒.政府竞争、要素流动与产业转移[J].当代财经,2014(3):21-28.

[103] 吴敬琏.当代中国经济改革[M].上海:上海远东出版社,2004.

[104] 林毅夫.中国的奇迹:发展战略与经济改革[M].上海:上海人民出版社,1999:30-36.

[105] 董志凯.关于“156项”的确立[J].中国经济史研究,1999(4):93-107.

[106] 王朗玲,李敏娜.老工业基地改造与体制创新[M].北京:经济科学出版社,2004:25-26.

[107] 邵文武,林秀梅.东北老工业基地全面振兴战略研究[M].北京:经济科学出版社,2012.

[108] 高斌.东北地区产业集群及发展研究[D].长春:东北师范大学,2005.

[109] 鲍振东.中国东北地区发展报告[M].北京:社会科学文献出版社,2006:10.

[110] 崔丹,杨晓猛.东北装备制造业产业集群升级的路径选择[J].理论前沿,2009(16):45-47.

[111] 王星.东北地域文化模式的阻滞效应与转型:立足于东北老工业基地转型背景下的讨论[J].求是学刊,2007(5):65-70.

[112] 殷晓峰,李诚固,王颖.东北地域文化对区域经济发展的影响研究[J].东北师大学报(哲学社会科学版),2010(6):41-44.

[113] 魏旭,赵桂杰.基于集群式创新的东北老工业基地产业升级[J].当代经济研究,2004(9):67-70.

[114] 陈才,李广全,杨晓慧.东北老工业基地新型工业化之路[M].长春:东北师范大学出版社,2004:7.

[115] 林跃平,高雄,赵红菊.老工业基地面临的挑战和振兴的出路[J].西安电子科技大学学报(社会科学版),2003(1):44-48.

[116] 蒋彦.重庆市高技术产业集聚的影响因素研究[D].重庆:西南大学,2009.

[117] 盖文启,王缉慈.论区域创新网络对我国高新技术中小企业发展的作用[J].中国软科学,1999(9):102-106.

[118] 李大伟,陈金贤.基于现代企业理论的技术创新金融支持系统研究[J].管理评论,2003(6):36-41.

[119] 李晓华,吕铁.战略性新兴产业的特征与政策导向研究[J].宏观经济研究,2010(9):20-26.

[120] 张嵎喆,史建生.培育战略性新兴产业的政策评述[J].经济研究参考,2010(52):15-43.

[121] ROSS BROWN. Cluster dynamics in theory and practice with application to scotland[R]. Reginal and Industrial Policy Research Paper, European Poli-

cies Research Centre University of Strathclyde, United Kingdom, 2000: 1-58.
[122] 张治河. 战略性新兴产业集群的形成机制研究: 以武汉中国光谷为例[J]. 科学学研究, 2014(1): 24-32.
[123] 李捷, 霍国庆, 孙浩. 我国战略性新兴产业集群效应决定因素分析[J]. 科技进步与对策, 2014(17): 55-59.
[124] 贾建锋, 魏艳霞, 荆浩. 沈阳市战略性新兴产业形成与发展的动因和影响因素研究[J]. 研究与讨论, 2011(3): 46-48.
[125] 陆文聪, 胡雷芳, 祁慧博. 知识密集型产业集群发展动力机制模型构建: 基于人力资本集聚的视角[J]. 科技进步与对策, 2013(3): 65-68.
[126] 王月明. 战略性新兴产业技术创新影响因素研究[D]. 哈尔滨: 哈尔滨理工大学, 2014.
[127] 吴丰林, 方创琳, 赵雅萍. 城市产业集聚动力机制与模式研究的 PAF 模型[J]. 地理研究, 2011(1): 71-82.
[128] 王洁. 产业集聚理论与应用的研究: 创意产业集聚影响因素的研究[D]. 上海: 上海同济大学, 2007.

致 谢

经过不懈努力，《东北地区产业集群形成与演化研究》一书终于完成。该书由辽宁省社会科学规划基金重点项目——沈阳战略性新兴产业集聚动力研究（项目编号：L14AJL008）资助，在此衷心感谢辽宁省社会科学规划基金的大力支持。

感谢项目组的全体成员和辽宁省产业经济研究所所有老师，是大家的共同努力使得项目按计划顺利完成，感谢大家在专著成稿过程中提出的宝贵意见和给予的大力支持。沈阳航空航天大学硕士研究生鞠东霖在项目的完成和书稿的修订中做了较多工作，吉林大学林秀梅教授在书稿的部分内容中给予了热心指导，在此特别感谢。

感谢家人在科研工作和专著撰写过程中的理解和支持，在家人的理解和支持下使我专心研究，顺利完成了本书的写作。